我要做自己

金秀顯——著

尹嘉玄——譯

© 文經社

Part 6.

為了讓人生充滿意義，

需要這些生活清單

回想從前，我總是個好奇寶寶，凡事都想要追究原因，

所以學生時期只要有老師吩咐我做事情，

我就一定會反問「為什麼？」

其他同學往往誤以為我是在頂撞老師，

但我其實沒有別的意思，單純就是出於好奇，

所以要我別問、別爭論，閉上嘴巴默默做事，簡直比登天還難。

長大以後，

我倍感無力，也覺得自己的處境淒涼，

尷尬的年紀、尷尬的經歷、尷尬的實力，

就是個沒保障、沒背景，不上也不下的尷尬人。

為什麼會變成這種一事無成的大人啊……

我開始思考自己究竟做錯了什麼，

難道是大學選錯科系？

還是大學時期應該要更認真才對？

難道前幾份工作都應該咬牙撐下去，不應該中途下車？
可是我想破頭都覺得自己沒有做錯任何事。

當然，我的確有犯過一些失誤，徬徨過一段時間，
但那不也都是人生必經之路嗎？

我很想知道，自己明明沒有做錯任何事，
為什麼卻要有這種處境淒涼的感受？
就如同學生時期會想要追究，
老師是基於什麼理由叫我做事一樣。

我讀了很多本書，
不是基於興趣，而是好奇，
想知道為什麼自己會變得如此悲慘？
為什麼我欠缺那麼多東西？
最後，我下了一個結論：

為解決自己心中的疑惑，

就算世界認定我是個無用的人，

我也應該要尊重自己，

抬頭挺胸、昂首闊步地過日子。

這本書正是我找尋已久的原因，

述說當初為什麼會自嘆不如，

以及關於這些問題的回答。

過去，我透過自己的著作，提供讀者短暫的安慰與鼓勵，

但這次，我比較想寫可以駐留在讀者內心久一點的溫馨建言。

我想把這本書獻給和我一樣明明沒做錯任何事，

卻要在這無情的社會裡不斷檢討自我的人，

告訴他們：「錯的其實不是我們。」

維持自己原本的樣子，也可以昂首挺胸過日子。

GOAL

讓身為普通人的我們，
不去嫉妒不屬於自己的東西，
堅強面對世俗的冷嘲熱諷，
用原本的面貌來做自己。

Part 1

要尊重自己的人生
就需要這些生活清單

醫學、法律、商業、工程學是崇高的追求，維持生活所必須，
　　但詩、美麗、浪漫、愛情，是我們活著的目的。

　　　　　　　　——電影〈春風化雨 (Dead Poets Society)〉

◆ 不需要對不客氣的人客氣

大學剛畢業時，我在一間公司裡實習，

當時被安排在一個部門裡，由一名女主任負責帶領我，

但是她待我如僕人，愛使喚人，又百般刁難，

比方說，她想要挪動電腦螢幕到十公分旁的位置，

竟然也要我去處理；

犯了一點小錯一定是當眾羞辱我，

咆哮著說：「妳是故意想整我的吧？」

那是我初入社會接觸到的第一個職場生活，

身為凡事都要被主管考核的實習生，實在束手無策。

那段日子讓我切身體會到，自己是被放在組織裡最低階的位置。

實習生涯結束後的某天，

當我準備上床就寢時，

竟然因為想到那名主任而氣到睡不著覺。

然而，真正令我感到憤怒的，不是她對我做的那些無禮舉動，

而是儘管面對那些羞辱，也從未面露過不悅的自己。

她明明沒有多大權力，卻總是擺出一副握有絕對權力般的態度，

而面對那樣的她，我也從未吭過一聲，

導致她變本加厲地對我無禮。

據說，過去參與過民主抗爭運動的人，

在回想自己被嚴刑拷問時，會感到痛苦難耐，

是因為想起當時自己卑微懦弱地向拷問官求饒，

而非因為當時所承受的皮肉之苦。

人類的自尊心之所以會受到致命性的傷害，

絕對不是因為遭遇不當對待，

而是儘管面對那樣的不當待遇，仍選擇卑躬屈膝的自己。

因此，對我們不客氣、不尊重的人，

我們也不需要再對他們客氣，

雖然這麼做可能無法使情況好轉，但至少我們可以活得有尊嚴。

為了堅守自己的尊嚴，不被那種低劣的人踐踏，

我們至少要有最基本的反抗能力。

所謂職場霸凌，
就是由「待人基本」
都沒有的蠻橫資方，
和「待人基本都沒有要求」
的無力勞方，
共同合作而出的作品。

先管好你自己
再說吧（笑）。
《ㄢ、

◆ 不再費心讓自己的處境變得更加悲慘

在 Instagram 這個新世界剛出現時，
我從隨機出現的動態貼文中，
看見了一名女子的誇張照片，
她的胸部整個豐滿到肚子那邊。
我逛一下她的個人網站，發現是傳說中的「炫耀社群網站」，
充斥著姣好身材、美麗容貌、名牌行頭、經常出國旅遊的照片，
但是真正讓我感到衝擊的，並非她所展現出來的日常生活，
而是她有著成千上萬的粉絲追蹤。

究竟為什麼會有這麼多人想要一窺這名女子的日常呢？
我抱著好奇的心情，繼續追蹤觀察好幾天，
於是，原本覺得不錯吃的便利商店三角飯團，頓時顯得窮酸，
原本覺得自己買到賺到的 8,900 韓元 OMG 亮片包，
也瞬間變得廉價。
現在的媒體都太容易使人窺探別人的隱私，
要是在以前，根本不可能接觸到這些看似完美的人生，
這也確實刺激了人們的好奇心理。

然而，那份好奇心真的是零代價嗎？

《使自己變悲慘的方法》這本書裡就有指出，

把自身處境變悲慘的最簡單方法，

就是窺探完別人的生活以後，再拿自己的生活去做比較。

我們同樣也是為了滿足一時好奇而去觀察別人的生活，

但是伴隨而來的代價或許就是會使你陷入一種淒涼感，

最終，那滿腹好奇的心其實什麼也得不到，

有那個心思和力氣觀察別人的生活，

倒不如好好規劃自己的人生。

切記，我們可以當別人人生中的朋友，但千萬別當一名觀眾。

比起那些單靠幾張照片就看似光鮮亮麗的人生，

對於我們來說，自己的人生更彌足珍貴。

希望各位別再費心讓自己的處境變得更加悲慘。

嫉妒心之所以充滿毀滅性，
是因為它會把自己擁有的一切變得毫無價值。

◆ 不必對問心無愧的自己感到羞愧

小時候我看過一個電視節目，叫做〈成功時代〉，

簡單說就是介紹成功人士的生平事蹟。

雖然每週人物不同，但是說故事的方式都一樣：

用過去悲慘的現實與現在的成功做出對比，

並強調主角是靠堅強意志與加倍努力才達成。

收看過程中，你會覺得好像不管身處多麼惡劣的環境，

都可以靠努力翻身，邁向成功之路。

然而，隨著年齡增長，我開始意識到那是能力主義的開端，

就好比不斷鼓吹只要有能力、夠努力，

任何人都能成功的勵志書一樣。

但是能力和努力絕非成功的關鍵因素，

它們只是眾多成功因素當中的一項而已。

過去那些成功神話之所以會打動人心，

是因為當時的韓國社會處於高速成長期，

每個人的生活都一樣辛苦，貧富差距不大，

人人都有機會翻身，

但是現在的大環境早已不同於當年。

現在要改變自己在社會的階層地位根本難如登天，

公平的能力主義前提，是要有「公平的機會」，

但多的是含著金湯匙長大，繼承父母資產、背景、階層的人。

當然，不可否認有人確實是靠努力成功，

但沒有人敢打包票，光靠努力與能力，就一定能成功。

那些成功人士通常都有伴隨不可控的因素──「運氣」，

我們也不能以極少數的成功案例來套用於所有人。

「努力＝能力＝成功」的等式，

會讓我們自動轉換成「懶惰＝無能＝窮困」，

把生活窮困歸因到不夠努力的頭上，

藉此合理化社會階級差異。

我們的社會總是強調：

「明明有的是機會，你卻生活窮困，

就表示是你個人的問題，不服氣就證明給大家看。」

導致人們對於貧窮這件事情會感到羞愧，

甚至為了不讓自己看起來生活困苦而煞費苦心。

比方說，明明又不是要去登喜馬拉雅山，

卻非得穿個 The North Face 的衣服去學校才覺得體面，

家長在出席家長會時，為要展現自己是住在高級公寓社區，

而刻意把公寓名稱翻成英文來告訴別人。

一旦機會不平等，能力主義就等同於虛構，

〈成功時代〉與勵志書所呈現的扭曲觀念，

反而使我們把自己定位在有錢人和窮人之間，

並根據自己的定位，展現出得意洋洋或無地自容的態度。

然而，環顧周遭就會發現，

因為運氣好或者繼承資產而生活寬裕的人，何止一、兩人？

生活困苦卻腳踏實地認真過日子的鄰居，又何止一、兩人？

要是動歪腦筋、壓榨弱者、用不當方法取財的人生活自若；

認真誠實、腳踏實地過日子的人，卻對自己感到羞愧不已，

這才是一件奇怪的事情，不是嗎？

就算經濟條件再怎麼差，
只要盡全力、問心無愧，
就該對這樣的人生感到自豪、自我肯定。

世上有應該要感到羞愧的富有，
也有要感到坦蕩的貧窮。

也不想想你那些錢都是怎麼賺到的？

不因生命中的過客而心裡受傷

隨著年齡漸長越能夠切身體會，

就連真心想要一起吃頓飯的人，

也很難騰出時間見上一面。

所以那些不對盤或者不喜歡的人，

例如高中時期坐在另一區的恩京，

以及公司財務組的朴代理，

就會被我認定為人生中的過客。

然而，我們往往會因為這些過客用公事來偽裝私人怨恨，

用擔心來偽裝羞辱，用詢問來偽裝無禮，

而感到內心受創、累積怨恨、心力交瘁。

但別忘了，不是只有花雙倍月薪買一個名牌包，

或者整天關注明星動向才叫做浪費；

花心思在那些人生當中稍縱即逝的路人甲、乙，

同樣也是情感上的浪費。

不論是離職後就再也不會見面的主管；

還是久久才會碰一次面的親戚；

或者笑裡藏刀的臭婊子；

抑或是耍小聰明、動歪腦筋的狐狸精同事；

我們都別再為那些連根蔥都不是的人，浪費自己的情感了。

儘管你心受委屈、難過受傷、討厭他們，

這些人終究只是你人生中的過客。

◆ 不再用數字填滿人生

有段時期，網路上瘋傳著各國定義「中產階級」的標準。

英國（牛津大學提出的條件）

── 公平競爭

── 持有自己的主張與信念

── 不獨善其身

── 袒護弱者，對抗強者

── 毅然面對不公、不義、不法之事

法國（前總統龐畢度在選舉時發表的「人生品質」中，訂定的標準）

── 至少會使用一種外語去體驗更廣的世界

── 有一種以上喜愛的運動，或者會彈奏一種以上的樂器

── 至少有一道可以招待客人的拿手菜

── 參與社會愛心團體，從事志工服務

── 能夠對別人的小孩視如己出，給予規勸

韓國（國民薪資調查網站針對職場人士所做的問卷調查）

—— 擁有一棟零負債的30坪公寓

—— 月薪500萬韓元（約台幣13萬）以上

—— 有一台2,000cc的中型車

—— 存款有1億韓元（約台幣260萬）以上

—— 每年都可以出國旅遊好幾趟

相較於英國和法國，

韓國對於中產階級的認定標準，最不可或缺的就是「數字」。

猶記某次，我無意間在網站上看見一則廣告，

斗大的標語寫著：「你的可結婚指數是多少？」

我以為是什麼算命網站，

仔細一看才發現，原來是婚姻仲介公司的網站宣傳。

只要把年齡、身高、體重、資產、年薪等各種數字輸入進網站，

就會像牛肉被鑑定等級一樣，顯示出你的可結婚指數是幾分，

這豈不是真正的韓國型 AlphaGo [1] 嗎？

我們凡事都喜歡用數字去衡量，

甚至就連自身價值也可以用數字衡量。

在這些充斥著數字的人生中，

我們為了要讓履歷上呈現著漂亮數字而努力奮鬥，

靠著房子的坪數劃定人際關係的界線，

碰上罷工或集會遊行時，

不是去關注究竟為何起衝突，

而是用損失多少金錢的角度去衡量，

換言之，就是個忘記價值、只問價格的數字人生。

數字具有容易比較、排定名次優劣的特質，

舉例來說，三角形和圓形根本無從比較，

但是一和二卻是任何人都能做比較，排定名次、順序的。

最終，所謂數字人生，

就是無止盡與人相比的人生。

在這樣的社會裡，

我們會擔心自己被貼上較低的價格而戰戰兢兢，

並且不斷確認自己的社會地位、名次順序。

但我想問的是，人生裡的一切都能用數字衡量嗎？

IQ 測不出一個人的智商，

朋友人數證明不了你們之間的交情多深；

住宅的坪數大小無法保障家庭是否和睦，

薪資所得也說明不了一個人的人品好壞。

真正的價值並非透過數字衡量，

如果你想要當個不被比較的人，

那麼，最先要做的事情就是──

從你的人生中去掉這些「數字」。

人生中最重要的事物，

往往都是無法套用數字的。

---

[1] 由 Google DeepMind 公司所開發的人工智慧圍棋程式。

年齡

多益分數

身高

學分

學歷排名

年薪

體重

住宅坪數

拿掉這些數字之後的你，
究竟是誰？

◆ 不因別人的言語左右自己的內心

鄭美小姐是一名透過社群網站認識的朋友，

她閱讀過我先前的著作，

待人親切溫暖，是一個討喜的女孩。

她有個非常體貼疼愛她的男友，

也經常在社群網站上分享他們的相處點滴，

在我看來，他們簡直就是天生一對，

可以讓死掉的戀愛細胞起死回生。

然而某天，一名完全不認識的網友突然在她的網站上留言：

「難道妳都不用顧及其他不幸福的人的感受嗎？」

當然，有些人會把自己的社群網站刻意包裝得很美好，

但是我敢保證，鄭美小姐絕對不是那種人，

只是單純把自己感受到的小幸福如實記錄下來而已。

當她看見這名網友的留言以後，

開始檢討自己的行為是否有問題，

最後，她認為問題應該還是出在那名網友，

沒能把他自己的內在問題先處理好。

我們經常會遇見這種人，

錯誤解讀他人的意思，進而抨擊、抹黑。

這些人過去都是在網路新聞底下寫那些惡意留言的人，

後來這股惡勢力也逐漸蔓延到社群媒體和現實日常。

在此我可以提供幾個建議，

教你如何面對那些總是愛說三道四的酸民，

要是有人肆意地批評你、評斷你，務必要記得，

第一，那只是他個人極其主觀的見解，

他絕對不是所羅門或佛洛伊德。

第二，若是針對你進行攻擊，就不該感到生氣或難過，

反而要去判斷對方的攻擊是真實還是毀謗。

如果是真實，就當作是改進自我的契機，

如果是對方自己心理有問題所做出的毀謗，

就當作是野狗在吠就好。

第三，要是這隻狗不斷對你吠的話怎麼辦？

別悶不吭聲，請對方為自己的發言負責。

罪名是什麼？誹謗罪？不，這叫做噪音汙染罪。

反射

使用方法：攤開這頁給那些口無遮攔的人看。

注釋：對你這種人，一點也不想白費口舌。

◆ 不過羞辱別人的人生

之前在網路上看到一篇文章，裡面有幾個錯字，
結果引來多名網友在底下紛紛留言「極厭！」
所謂「極厭」，是「極度厭惡」的縮寫，
但我實在想不通，不過是打錯幾個字而已，
有什麼好極度厭惡的？

「極厭」、「狗大叔[2]」、「垃圾記者[3]」、「說明蟲[4]」、「營養午餐
蟲[5]」、「罹難者家屬蟲[6]」、「媽蟲[7]」、「韓男蟲[8]」……等，各種
充滿辱罵、厭惡的字眼，突然闖進了我們的日常。
而這也意味著我們都非常容易厭惡彼此。

許多人把厭惡主義歸因於中產階級消失，
這些人對於自己的社會地位倍感威脅，
所以才要靠攻擊他人來彰顯自己的社經地位。

然而，真的只因為這樣嗎？
這樣的解釋似乎太以偏概全。

光是以我為例，就因為我出生韓國，所以就要被叫作「泡菜女」；要是結婚變成家庭主婦，就被稱「就家蟲[9]」；生了小孩則變成「媽蟲」；好心想要為他人解說被稱「說明蟲」；太過嚴肅則被稱「嚴肅蟲[10]」。看來我們要活得像個「人」，還真難。

《受辱感[11]》作者金燦浩教授，

就曾針對這種日常生活中的厭惡表示，

在這不出人頭地就不被認可的社會裡，

汙辱他人是彌補空虛心理的最簡單方法。

換言之，當人覺得自己的存在感愈漸模糊時，

為了彌補挫敗感，就會選擇用侮辱、踐踏別人，

來體驗微薄的優越感。

這會不會顯得更窩囊呢？

2　韓文意指討人厭的中年男子，發言狂妄，對女性、部屬無禮。
3　韓文意指報導內容不實、有失專業的記者。
4　韓文意指帶有貶意，暗諷那些說明冗長、把氣氛搞雜、說話無聊的人。
5　韓文意指貶低青少年、國高中生的用語。
6　韓文意指嘲諷、批評罹難者家屬的用語。
7　韓文原指沒有把小孩管教好的母親，後來變成暗諷整日無所事事，靠老公生活的母親。
8　和泡菜女一樣，對韓國男子語帶貶意的稱呼。
9　就業於家庭的縮寫，結合了蟲字，指辭掉工作步入家庭的已婚婦女，帶有貶意。
10　指破壞掉原本談笑風生的氣氛，突然嚴肅說話的人，帶有貶意。
11　原文（모멸감），目前尚無中譯本。

被挫敗感壟罩的這群人，在由「厭惡」組成的團體裡，掩飾著彼此的窩囊，儘管不是親身經歷過的事情，也會加入扭曲攻擊對象的形象行列，然後那些被攻擊的人，再繼續複製這樣的羞辱加害於他人。

最終，網路上就會展開誰比較厭惡的競爭。

但是如果在這場厭惡之爭裡得到的結論是，

「只要和我不一樣的人都討厭」的話，

難道心裡就真的會比較舒坦爽快嗎？

我們只會變得更小心翼翼、戰戰兢兢，

因為這世界到處充滿著仇恨，

一不小心，自己也很可能會成為被嘲諷、厭惡的對象。

我敢保證，

在人人都是加害者的世界裡，

不會有人幸福。

然後，以羞辱他人為樂的人，

我們稱之為「魯蛇」。

某次，我在百貨公司電梯裡遇見一名媽媽，
她才剛走進電梯，寶寶就突然放聲大哭，
她急忙安撫寶寶，看著電梯乘客的臉色，
不停對著還聽不懂話的孩子說：「不可以哭喔！」
然後我對那位媽媽說了一句：「沒有關係。」
我的那句「沒有關係」，
其實是「我不會對妳有任何成見」的意思。
真的，沒有關係。

沒有關係。

◆ 不為自己找藉口

我聽說某人年輕時曾經是運動選手，

他雖然是名校畢業，但是因為出自體壇，

這個標籤使他遲遲無法找到一份理想的工作。

於是，他開始厭惡資本主義，

並表示自己無法在這不合理的社會結構裡工作，

不知從何時起，他甚至不再求職，

年過四十了還整天宅在家裡，

生活開銷全落到從事清潔工的老母親身上。

相信不管任誰來看，這個人的論點都是強詞奪理的，

因為他一邊批評著資本主義壓榨勞工，

卻又一邊壓榨著自己的老母親。

周遭人士對於他不去找工作這件事都表示無法理解，

也對他的母親深表同情。

究竟是什麼原因，使他變成如此怪異的人呢？

我估計應該是當時畢業於名校的他，

對自己的期待和理想一定很高，

但是只因為自己待過體壇，就遭這個社會否定，

可想而知，無力感與挫折感會有多大。

再加上經濟獨立失敗的事實，

對他來說一定是件非常可恥的事，

甚至對他個人的自我理想帶來致命傷害。

人類最難以承受的情感，是對自我的羞恥心、無用感。

因此，我們往往會想要把這樣的情感隱藏起來，

選擇用冷淡疏離來武裝自己，把問題歸因於外在世界，

不斷找藉口來袒護自己。

然而，藉口終究無法保護我們，因為那些為了自我防衛所找的

藉口，就連自己都說服不了。

就算外表上假裝沒事，

無力感和羞愧感依舊會殘留在心裡，無法消化完全。

小說家金炯璟（김형경）在其作品《人類風景（사람풍경）》中
曾提及，

愛的反義詞不是厭惡或憤怒，是冷漠；
生的反義詞也不是衰老或死亡，是自我防衛。
自我防衛會使人永遠站在自己的人生外頭徘徊。

我想，那個人一定也是如此，
與其面對狼狽不堪的現實，承受無力感與羞愧感，
不如當個清高的抵抗者，
也或許是害怕被這不合理的世界傷害。

然而，我們不能一直被過去束縛，甚至賠上一生。
不論理由為何，都要一掃自責與怨懟，
重新評價真實的自己才對。

我們應該感到自豪，

大學時期都曾想過要讓這世界變得更為美好，

我們也要懂得欣然接受，

自己的需求一定會經歷各種挫折的事實。

真正該感到自慚形穢的，

不是沒找到一份人人稱羨的工作，或者沒能出人頭地，

而是不斷替自己找藉口，然後一事無成。

就算現在的樣子不符合原本期待，

就算要眼睜睜地看著生活愈來愈苦，

也要好好面對不再找任何藉口的自己。

面對最真實的自己以後，

最重要的是，記得重新出發。

「我太沒用了。」　——→　「不，都是別人的問題。」
攻擊方向：INSIDE　←——　攻擊方向：OUTSIDE

重要的是，
要先徹底擺脫掉內在憤怒。

◆ 不忘「沒有人的人生是完美的」事實

猶記國三那年，班上一名男同學對我說：

「妳有什麼好痛苦的！」

我猜應該是因為當時我在班上屬於開朗活潑的人物，

低調安靜的他，可能或多或少有羨慕我這樣的個性，

但是殊不知當時的我，正受嚴重的「中二病」折磨，

經常和父母起衝突，搞得我心力交瘁。

我倒是羨慕另外一位同學，她才是真正萬事太平的感覺，

她長得很漂亮，男同學們也都想要在她心中留下好印象。

事隔多年之後，我跟她成了好朋友，她才向我坦言，其實當時

是她人生中最痛苦的時期，

面對老師們的差別待遇、既定偏見，讓她痛不欲生。

說來也真是神奇，原來我和那名男同學都看錯了，

當我們在看著某人擁有我們缺乏的部分時，就會自認為對方的

人生一定完美無缺。

然而，我們究竟對他人有多瞭解呢？由朴妍善（박연선）負責

編劇的韓劇——〈青春時代（청춘시대）〉最後一集，

有一幕是航空公司職員看著女主角真明要去中國一個月，

紛紛交頭接耳的畫面：

「真羨慕啊！」、「下次記得要找對人家投胎啊！」

但其實當時的真明，才剛面臨植物人弟弟突然驟逝的意外，

她只能把全身家當一百七十萬韓元提領出來，不顧一切地先出

國再說。

我們往往只從別人展現出來的樣子推測他們的人生，

但其實就如同他人眼中看見的我們不一定是全貌一樣，

我們眼裡看見的他人也不見得全然如此，

每個人都有著各自的傷痛與缺陷，沒有人的人生是完美無瑕的。

因此，你需要明確知道的事實是，

每個人的人生都不盡完美，

有時候，這樣的事實會帶給你一份安慰。

就像朋友突然傳訊息給我：

「感覺妳總是生活得很認真，我每次都會被妳激勵到。」

但其實當下我只是在滑手機、逛網拍。

傷口的遠近法

愈近的看起來愈大，
愈遠的看起來愈小。

即使平庸也很幸福

小時候，每次只要坐車，就會覺得太陽一直在跟著我，
然後總是期待著哪天能像美少女戰士那樣當個魔法少女，
當然，要是都長大了還在幻想這種事情，
一定會被醫生判定為重度誇大妄想症，
但我始終以為，自己長大以後就算當不成拯救世界的英雄，
應該也會在某個領域別有一番成就。

但是現實生活裡的我，最後只成了一名平庸的大人，
沒有精彩華麗的人生，也沒有無限自由可以享受。
牛肉對我來說依舊是昂貴的食材，無法隨心所欲地想吃就吃，
在狹小的生活半徑裡，日復一日地過著不怎麼酷的日常。

不過仔細想想，
當我發現自己已經成了平庸的大人之一時，

當我送走兒時心目中的偶像時，

大人的青春期，或許就是在那時候迎來的。

當然，那一刻是傷心難過的，

但是擺脫掉小時候的幻想與期待，

當一個普通人、規劃自己的人生，

或許才是身為大人要完成的功課。

未來，我不可能像美少女戰士一樣拯救地球，

也不可能當上巴黎大學教授。

我想要的並不是同學聽到我的消息時，

感到羨慕、嫉妒、肚子痛，

也不是親戚們為了一窺家門榮耀而紛紛擠進我家。

我有我想要寫的文章，

也有我想要畫的畫和設計圖。

我想要花更多時間和家人相處，
想把游泳學好在大海裡優游，
也想多認識一些持不同觀點的人，
讓我的世界變得更多元。

雖然我的人生有許多限制，也沒什麼保障，
但是在平凡無奇的人生裡，還是可以做很多事。

唯有在承認自己平庸，並且努力把自己填滿時，
大人的青春期才會正式宣告結束。

而我們，也會在那瞬間，
成為真正的大人。

關於薩里耶利的自卑感

沒有任何證據顯示，
莫札特比薩里耶利幸福。

自卑？
你說我嗎？

◆ 不讓任何人來評價我

我有個朋友，聯誼時認識了一名男生，
他問我朋友，有沒有什麼喜歡從事的運動，
比方說打高爾夫球或騎馬，
但其實這不是在單純詢問對方興趣，
而是為了打探對方的家境狀況。

不論男女，想要瞭解對方的經濟能力都不是什麼壞事，
包括我自己也會想要瞭解清楚，
但是，瞭解基本生計有無問題，
和凡事都要敲打算盤、用數字衡量人是兩回事。

那些得知你家住什麼地區以後就再也沒聯絡的人，
不斷想確認你父母從事什麼職業的人，
有些人會在這種人面前，像個在填寫考卷的孩子一樣焦慮不安，
不曉得對方會對自己作出什麼樣的評價。

不過，換個角度想想，真的有需要這麼焦慮嗎？

在我看來，就算是多麼有能力的人，

只要特別愛計較數字，頓時就會失去魅力，

因為這表示他的人生快樂來源相當膚淺，

簡言之，就徹底不會是我的菜。

對他來說，我可能不夠格，

但別忘了，對我來說，他也不夠格。

我需要的是和我相像的人，

不是這種凡事用數字來做衡量的人，

也不是只有他們能評價我，我也有評價他們的權力。

因此，要是有人用數字來衡量我們的話，該怎麼做呢？

哼，真是笑死人了。

你們對我來說也都是淘汰品、統統不及格，好嗎？

不聞不問

我沒問你，也沒興趣聽你說。

◆ 不需要謙虛到畏縮的程度

曾經，一名專門寫散文的作家表示，

由於自己不是透過新春文藝或相關文藝比賽踏入文壇的，

所以總是不好意思稱自己為「作家」。

儘管辭典上顯示，只要是從事寫作等原創工作的人都稱作家，

而且她還有十多本著作、固定粉絲，

卻仍在「作家」這個頭銜前猶豫不決。

這讓我想起某位旅人的故事，

他在歐洲的某個酒吧裡遇見了一名調酒師，

那名調酒師向旅人做簡單的自我介紹，說自己是詩人。

於是旅人問他：「你有出過什麼詩集嗎？」

調酒師搖搖頭：「沒有。但因我有在寫詩，所以我是詩人。」

為什麼有人出版過十多本著作，卻仍對作家身分感到不甚自在？

有人從未出版過一本詩集，卻可以態度坦蕩地稱自己是詩人？

當然，這也可能和個人特質有關，但其實更大原因是來自文
化差異。

這份差異在國內外的義務教育上也明顯可見。

在重視個人特質與自律的西方社會，

通常會教學生要把自己視為是獨一無二的存在，

《思維的疆域（The Geography of Thought）》作者理查‧尼茲彼（Richard E. Nisbett）就曾表示，教育的目的究竟是「為了傳遞知識」？還是「培養孩子的自尊感」？何者比較重要？

從我們的角度來看，可能會覺得沒什麼好爭論的，但是由此可見，在教育目標上，他們是把培養個人自尊感和傳遞知識視為同等重要的。

反觀韓國社會，比起個人特質更重視團體和諧，也就是關係導向型社會，所以孩子們一上國小，就會先從「正確生活[12]」這個科目開始學習如何與人建立關係。

其實這個科目也沒教什麼，簡單來說，就是教我們不要和家人、朋友、鄰居等任何人起衝突，要「以和為貴」。

長期以來，我們接受的教育，都是要傾聽、關心他人的想法和情感，比較不是強調要把自己視為「獨一無二的存在」，或者尊重自己的感受。

因此，在英文裡根本找不到可以直翻「看眼色」的單字，
韓國人卻特別會看眼色行事，
在西方人眼裡近似於貶低自我的「謙虛」，
也是這種看眼色文化下的產物。

然後在長期練習的結果下，我們為了維持良好的人際關係，
為了不被人說自己不懂得察言觀色、白目，
發揮高度的「看眼色」和「謙虛實力」，
在這種社會下，謙虛、體恤他人自然也成了一種「美德」。

然而，真正的價值不在於看著他人的臉色自我畏縮，而是對他人的尊重。

要是因為遷就別人的感受而無法顧及自身感受，那就稱不上是什麼美德。因此，你不需要心力交瘁地察言觀色，也不需要謙虛到畏縮的程度。

你最需要尊重的人，

永遠都是你自己。

我們都需要適度的自我感覺良好，

和那個他 X 的「做自己」精神！

---

12 類似「生活與倫理」。

◆ 尊重自己的人生權利

我在網路上看過一篇文章，

發文者是在餐廳打工的工讀生。

某天，當她在餐廳裡服務客人的時候，

聽見一名母親指著她對女兒說：

「妳看，妳如果不讀書，長大以後就會變成那樣喔！」

躺著也莫名中槍的發文者感到十分生氣，

因為她只是為了累積社會經驗而打工，

同事們也都是就讀頂尖大學的學生。

就在那時，一群中國客人走進了餐廳，

曾經在中國留學過的她，

立刻操著一口流利的中文接待客人，並完成點餐。

那位母親見狀，尷尬得無所適從。

閱讀這篇文章的網友紛紛在底下留言抨擊那位母親，

但是仔細想想，那位工讀生又和這位母親有什麼差別呢。

發文者不斷強調，自己是為了累積社會經驗而當工讀生，

絕對不是漫無目的的打工，

她那強烈的辯解，其實不是針對那位母親的言行，

而是著重在「我不應該被這樣對待」。

簡單來說，她覺得自己受委屈了──

只是為了累積多一些社會經驗而打工，

和因為不讀書而「變成那樣」的工讀生是不一樣的。

我們從網路上可以輕鬆搜尋到激勵人心的「勵志語錄」：

「你想去大學聯誼？還是去工廠縫紉？[13]」

「一～三級是叫炸雞吃，四～六級是在店裡炸雞，七～九級是

外送炸雞。[14]」

乍聽之下，這些話都非常振奮人心，

但其實無意間都在催眠我們，

外送炸雞、在工廠裡縫紉的人，

都是因為當初沒有好好讀書而得到懲罰，

無意間也把勞工的人生變成了悲慘人生。

---

[13] 韓文的聯誼和縫紉字音相似，所以才會用這兩個單字作為對照組。

[14] 這是根據韓國的新聯考制度，把考試成績分成九等，一等最高，九等最低，所以才會延伸出這種句子。韓國考試制度參考：https://bit.ly/2LVfP8R

於是這些文字在我們的腦海裡形成貶低勞工的歧視與偏見。

這樣的歧視由來已久，
古時候，儘管每個人都是靠百姓耕作收成的糧食生活，
仍被那些鄙視他們的官僚植入「官貴民賤」的職業印象，
這份觀念也延續到資本主義講求適者生存的現代，
成為另一種版本。
這樣的偏見使得各行各業的薪資差距愈來愈大，
也導致工作歧視更為嚴重。

那麼，究竟是哪裡出了問題？

1.
這不僅在講求「人生而平等」的人類學觀點上有問題，
孩子們在聽到「如果不讀書就會變成那樣」，
或者讀著上面那些激發鬥志的文字時，會產生不切實際的幻想，
以為只要認真讀書，就一定會像電視劇裡的商務人士一樣風光。

然而，現實是社會上有更多人是靠勞動維生的，

多的是在平凡職場裡當一個平凡受雇者。

原以為自己會像身處在電視劇裡的那些人一樣走路有風，

沒想到竟回到了學生時期自己最鄙視的那種人，

這要他們如何接受？

到頭來，對未來的過度幻想與偏見反而成了羞愧感，

反撲平庸無奇的自己，

難以接受自己竟然和那些人沒有差別。

勞動階級之所以難以產生連帶關係，也是因為自我厭惡。

2.

對勞動者的偏見和歧視也會帶來其他副作用。

那就是帶著這份歧視想盡辦法把書讀好，

只為了不讓自己去外送炸雞或到工廠裡縫紉，

這樣的讀書過程不是存有對學習的好奇與質疑，

而是以「害怕被鄙視或失敗的不安感」做為讀書動力，

當焦慮感減低的時候，就會找這些勵志語錄來讓自己維持不安。

暫時性的不安與緊張的確會使學習效率提升、激發動機，

但是當人生的動力只剩下緊張與不安時，

再多的保健食品也難解心理上的慢性疲勞。

3.

就算最終達成了自己的目標，難道就一定會萬事亨通嗎？

藉由對這些恐懼所獲得的成就，往往伴隨著「傲慢」，

當一個人沒有其他內在力量支撐心理，

只有傲慢感不斷增加時，

就和站在頂樓沒有穿戴任何安全裝備一樣，

對墜落的恐懼感會無限擴大，

尤其愈自大的人，跌落谷底時的打擊感也會愈大。

前〈朝鮮日報〉顧問李圭泰就曾寫過一篇文章：

歐洲人如果生活出現變動，會自然選擇返鄉，

但韓國人是儘管遭逢變故，也抵死不願返鄉，

要是面臨不得不返鄉的絕境，心境上也會陷入低谷。

儘管人生可以有各種生活型態，

但是對於內心已有根深蒂固的歧視與偏見的人來說，

返鄉簡直就是一場悲劇，也是跌入萬丈深淵。

歧視，害得那些被指指點點的人無法抬頭，

而用手指著人家的人也得活在恐懼不安中，

因為深怕哪天自己也會淪為被人說三道四的對象。

最終，這種歧視對任何一方的人生都毫無幫助。

如果你也是靠著不安感來源來激勵自己，

或者因為過著和當初夢想的人生有極大落差而顏面無光，

那麼，你必須告訴自己，

去外送炸雞也好，去工廠縫紉也好，

人生，可以是任何一種型態，

沒有哪一種人生就是失敗的。

盡情生活、認真學習吧！

但別忘了一件事，

你我都沒有資格去侮辱任何人的人生。

我們有尊重各自人生的權利。

侮辱別人的人生，只會造成自己子女的不安。

Part 2

爲了做自己，
需要這些生活清單

與其用不是自己的樣子被人喜愛，
不如用原本的樣子被人討厭。

——科特．柯本（Kurt Cobain）

培養堅定的自尊感

艾倫・狄波頓（Alain de Botton）曾說，

「成為大人，就是在冷漠無情的人物所支配的世界裡，找到自己的位置。」

這個世界不像童話故事一樣美好，

日常生活中存在著各種歧視，

資方的壓榨、找碴早已司空見慣，

面對那些懷著「有條件式關心」的現實者，

儘管想要故作鎮定、不予理會，

心情還是會像放在口袋裡的餅乾一樣碎成一片。

所以人們才會不斷強調要提升自尊感，

叫我們要培養尊重自己的態度，不要太在意世俗的標準和評價。

是啊，這些話都已經聽爛了，為什麼卻還是這麼難做到呢？

基本上自尊感來自於童年經驗與家庭的教養方式，

若缺乏與父母之間的依附情感，或者被虐待、嘲諷、排擠、苛責過，就比較容易有自尊感偏低的問題。

但是自尊感會隨著人生歷練而改變，並非童年經驗就注定終身。

最初提出自尊感原理的心理學家──

納撒尼爾·布蘭登（Nathaniel Branden）表示，

健全的自尊需要由兩點支撐：

一是自我效能（self-efficacy），二是自我尊重（self-respect）。

前者是指可以照顧自己、面對現實問題也能應對處理的自我信

任、自信心；後者則是尊重自我，認為自己值得被愛的心態。

然而，我們是否有居住在能夠捍衛自尊的社會呢？

即便過去的成長環境讓我們擁有健全的自尊感，

在數十份履歷遭到拒絕、被公司視為消耗品任意解雇時，

仍會失去可以自行活下去的自我效能感。

除此之外，在按照條件排出優劣、促使歧視形成的社會裡，

要我們尊重原本的自己，根本和自我催眠是一樣的意思。

這個逐漸變成缺乏自尊感會難以生存的世界，

愈捍衛自尊，就愈容易使自己陷入困境。

那麼，我們究竟該怎麼做才能解決反覆上演的自尊感問題？

並在這人情淡薄的世界裡，找到屬於自己的位置呢？

這需要兩條軸線才有辦法達成：

第一條是培養出「社會尊重」，不讓尊重變成稀有的經濟財。

如果尊重可以變成公共財，

我們就不必再汲汲營營地渴望被人尊重。

讓我們一起把尊重變成公共財，當彼此的認同養分吧！

不因對方職等、年薪、職業、外表給予差別待遇，

為自己也為他人，給予無條件的公平尊重。

做這件事情也不用花一毛錢，何樂而不為？

第二條是自己要對自尊感有更本質上的理解，並且親身實踐，

為此，要能區分出真正的自尊感是什麼，

以及充分理解自尊感的定義。

自尊感絕非來自「優越」所產生的驕傲感，

也不是因為受誰喜愛或認可，而得到的暫時性滿足感。

它的本質是對自己產生信賴，自認有資格擁有幸福的自我尊重感，這不是靠精神催眠就能獲得的情感。

所以如果什麼事都沒做，卻一昧地相信自己是有困難的，

過著和自我信念背道而馳的人生，也會難以尊重自己。

自尊感是建構一個自己會信任、尊重的內在世界，

並以該信念作為基礎，選擇人生、付諸行動、為自己負責，

然後從這一連串人生的過程中獲得內在力量。

EBS 電視台紀錄片〈孩子的私生活（아이의 사생활）〉曾做過一項實驗：測試父母的態度對子女的自尊感究竟會產生多大影響。參與實驗的孩子們都拿到一組拼圖，

遇到困難不會拼時，

自尊感低的孩子家長會想要出手幫忙，

自尊感高的孩子家長則是耐心等待孩子自行解決。

自尊感的原料──對自己的信任與尊重，

是在累積成功經驗的時候產生。

就像該節目實驗中所展現的，主體一定要是自己才行。

要是沒有充分意識到自己的能力，

被他人和世俗的眼光牽著鼻子走，

是絕對無法培養出自尊感的。

因此，為了建立牢不可破的自尊感，

第一步很重要，那就是「按照原來的樣子過生活」。

接下來，讓我們看看如何做自己，

快跟我來吧！

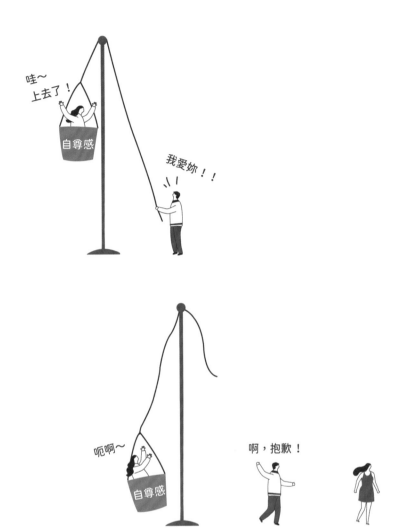

透過他人尋求自尊感，
等於是放棄自己的人生掌控權。

找出屬於自己的人生

每當電視劇裡的男主角說：「妳幹嘛呢？這一點也不像妳！」
女主角就會憤怒地睜大眼睛反問：「所以要怎麼做才像我？」
就是嘛，「做自己」還能聽懂是什麼意思，
「這不像你」又是什麼鬼？
為什麼人們總是搞不清楚，什麼樣的行事作風才是像自己呢？

心理學家 James Marcia 將自我認同分成四種類型，
分別是認同成功、認同延緩、閉鎖認同、認同混淆。
根據研究結果顯示，
大多數的韓國人（74.4%）屬於自我認同程度低的閉鎖認同。

所謂閉鎖認同，是直接順應社會價值體系的類型。該理論表
示，這種類型的人之所以會有較低的自我認同度，
是因為「缺乏危機」。
人生當中從未有過危機是什麼意思？
這裡的危機並非指被詐騙，

或者在心儀對象面前信用卡刷不過等，

而是從未認真思考過人生目標、價值、信念的意思。

那麼，問題又來了，為什麼會從未思考過這些問題呢？

因為這個社會文化並不鼓勵我們進行自我探索、自問自答。

在核心道德儒家思想裡，生存環境與人際關係是相互依存的，

自我認同會根據自己的角色去決定。

比起自問和探索，人們更重視角色該有的道德與實踐，

換言之，配合社會標準所要求的樣子，

會被認為是一種美好人生。

所以我們不習慣建立自己的人生哲學及人生方式，

反而更理所當然去迎合社會及父母所要求的標準。

最終，許多人不僅找不到自己的信念與人生哲學，

就連對自己都不甚瞭解，

而這樣的問題始終難以被解決，

關鍵原因就在於可怕的「依賴心」。

小時候，大人們常說「你還小，所以要聽大人的話」，

讓孩子們存有「我是弱小、卑微」的觀念，

許多父母甚至會以此為由，不允許孩子自律，

也就是剝奪掉孩子成為大人的「過程」。

在沒有「過程」的情況下，只得到「結果」的這些孩子，

即便長大以後也會害怕自行做決定，

所以才會上了年紀還在尋覓心靈導師。

然而，就算是再知名的心靈導師，

也無法告訴你究竟是個什麼樣的人，

想要活出自己的人生，

須不斷從經驗與探索中練習自行做決定。

並不是從事自由業才叫做自己，

或者要有特殊品味才叫做自己，

真正的做自己，是以對自己的瞭解作為基礎，

自行判斷、決定、規劃，

這樣才能活出真正屬於自己的人生。

而且前提時要好好關心自己，
像是寫一篇關於自己的文章，也是種不錯的方法。

關心自己，回顧過往，
思考這一生想要實現什麼價值，
什麼會使你感到幸福，
自己和其他人有何不同等，
藉此找回「自我感覺」。

當然，這可能需要很多知性與努力，
放下依賴感也可能是一件令人畏懼的事情。

但是當自己順利通過這些煩惱與危機的時候，
信任自己、尊重自己的人生才會真正開始。

自己的事情自己做

凡事自己來自己決定

大人們經常要小孩「主動一點」，
但其實是要小孩動手做「父母吩咐他們做的事」。

不再對人生問題猶豫不決

在這充滿競爭激烈的世界裡，

我們總是告訴自己，

先把書讀好，先考上大學，

先累積好經驗，先出來賺錢，

就這樣日復一日，年復一年，

糊里糊塗地成了大人。

然後某天就會脫口而出這種話：

「我不知道自己到底喜歡做什麼？」

不過我比較想要反問這些人，

「你有做過自己真正喜歡的事嗎？」

猶記某個兒童教育節目，

曾經邀請過一名樂於幫助家人的孩子，

也就是所謂的「乖小孩」來當嘉賓，

節目主持人問她：「將來想做什麼？」

結果孩子的回答竟然是：「幫媽媽跑腿，幫爸爸洗車。」

後來主持人再問了一遍：

「不為他人，是為自己，你真正喜歡做的事情是什麼？」

於是孩子面露難色，不曉得該如何回答。

長期被「該做」而非「想做」的事項埋沒，

壓抑自己真正需求的人，

會失去自我感覺，不曉得自己喜歡什麼、想要什麼，

永遠找不到自己想要的人生，停留在未知的領域。

假如人生不想走到這般地步，

就得重新找回自己真正喜歡的事情，並且喚醒自我感覺。

如今，是時候該回答猶豫不決的人生問題了。

對理所當然的事抱持懷疑

從前，在一個村子裡，

住著一對夫妻、婆婆和一歲大的男嬰。

中午時分，出外種田的媳婦返家吃飯，

患有老人癡呆症的婆婆說她煮了一鍋雞粥，

媳婦懷著感恩的心打開鍋蓋，

竟發現裡面煮得不是雞，而是自己的兒子！

原來婆婆誤把孫子當成雞，放進鍋裡煮了。

媳婦趕緊故作鎮定，收拾好情緒，

重新抓一隻雞煮粥給婆婆吃，

然後默默把兒子的屍體帶去後山埋了。

這故事聽起來是不是很像新聞專題報導裡會出現的恐怖虐童案？

然而令人驚訝的是，

這是一段在朝鮮時代頒發過「孝婦獎」的佳話。

如今看來根本無法理解的故事，究竟為何能以美談代代流傳？

因為當時所謂的美德，

是建立在極度壓抑個人情感、奉行倫理道德義務之上，

這是統治意識形態，不論多麼憤怒也要顧全大局，

犧牲小我、成就大我。

在我小時候，也有一種美德叫做「勤勉誠實」，

不論颱風下雨、身體微恙或受傷，

只要每天按時到校，就可以領到全勤獎，

學校黑板上還會掛著「勤勉誠實」的校訓。

而韓國之所以會把勤勉誠實視為最崇高的美德，

來自於過去以「製造業」為基礎的社會，

在製造業裡，比起創意和個人特質，

勤勉與誠實才是最重要的資質。

於是，這樣被教育、篩選而出的美談與美德，

使孩子在鍋裡被煮熟也沒流下一滴淚的母親，

成了勇敢堅毅的母親，而非冷血的虐童共犯；

高燒不退也堅持到校的學生，則成了學生們的楷模；

「蘇格拉底説過『惡法亦法[1]』」的流言蜚語也廣為流傳；
伊斯蘭國因為自由戀愛而殺死親生女兒甚至被視為榮耀。
像這樣由社會篩選、建立的美德，
有時會把怪談變成美談，暴力變成榮耀。

切記，社會觀念不是恆久不變的真理，只是一種普遍價值，
是否採納端看個人選擇。
真正能夠支撐我們人生的，是自行建立的信念。

根據留美深造經濟學的人表示，
美國大學有一門課叫做「Brain Washing Class[2]」，
課程內容主要是清洗學生們的大腦，
因為至今所學的經濟學知識都是錯誤的。

當人們在學習世界級大師的經濟學理論時，
他們是在尋找那些理論當中的錯誤之處，
所以才能找到新的解答。

我們要理所當然的對事情抱持疑問，

想想過去你所相信的，究竟是自己內在心聲？

還是不知不覺間一直都在追隨著別人的聲音？

當我們向過去篤信的真理提問時，才能算跨出一步。

我們需要的不是社會通念，而是自我信念。

為了把社會觀念取代成自我信念，

我們也需要 Brain Washing Class。

不久前，韓國勞動部官網上刊登一則新聞，

內容是在表揚某間公司的金代理，儘管出國度假也埋首工作。

然而，提告公司妨礙員工私人休假都來不及了，

我看不懂這到底是在演哪齣戲？

---

[1] 後者「法」是指遵守，也就是即使是惡法（在沒有經由有權機關宣告無效或修
正前）也得遵守。

[2] 經編輯台查詢並無此資料，作者當時取得來源已無從可考。

現在的年輕人
實在太缺乏抗壓性。

果然，聽他在狗屁！

不為滿足別人的期待而活

我沒有進公司上班，

不是因為有多麼偉大的抱負或決心，所以做這樣的決定，

單純因為想寫書，把書寫完再來考慮上班這件事。

某天，我突然好奇自己怎麼能如此輕鬆面對這樣重要的決定？

於是我開始回想，應該是和父母對我的教育方式有關。

從小，我的父母就從不強迫我做自己不喜歡的事，

每當我做選擇時，他們都只會提供意見給我參考，

然後放手讓我自己做決定。

到國中為止，我一直都是個不愛讀書只愛看漫畫的學生，

反而姊姊是全校排名第一、第二的資優生，

但在我印象中，父母從未拿我和姊姊做過比較。

因此，我不曾擔心過自己會得不到父母的認可，

也早已習慣自行做決定。

儘管如此，我也還是會想要盡可能在父母面前有好的表現，

但是那股壓力也很早就被我放下了，

因為我發現，這種壓力愈大，並不表示對父母的愛就愈大。

25歲左右的時候，我就趁吃飯時間對父母說：

「不要對我有任何期待，把我當成寄宿學生就好。」

雖然最後被他們罵了一頓：

「好不容易把妳養大，說這什麼話！」

但我之後還是不斷提醒他們，把我當成寄宿學生就好。

誰不想成為像明星秀智那樣的女兒，

可以的話，我也想讓父母覺得養兒能防老，

即使做不到那種程度，我也會盡可能的去做。

只是，有一點要釐清的事實是，

就算我背負著極大壓力，父母也不會因此而感到幸福，

就算擔心自己是否會讓父母失望，

做不到的事情終究還是做不到。

我們只是身為獨立個體，對自己的人生負責罷了，

我們的人生可能會符合父母的期待，也可能無法符合，

但是為了滿足父母期待而活的人生，

只是充斥著強迫感和還債感，那不是發自內心對父母的愛。

如果說，對自己的人生負責，是身為子女應盡的責任，

那麼，領悟子女無法按照自己的意思而活，

同樣是身為父母的責任。

要是你的壓力來源是父母所提供的經濟支援，

那就盡己所能、全力以赴地慢慢償還。

畢竟要付寄宿費用才能名正言順地當個寄宿學生，不是嗎？

但是千萬不要連自己的人生都賠進去就好。

我們唯一需要努力順應期待的對象，

只有自己。

結論是，走自己的路。

除了做自己，不做任何人

國小二年級時，老師要我們每個人上台發表將來的志願，

當時我不曉得從哪裡聽聞了居里夫人的故事，

於是就說將來想要當一個像居里夫人那樣的女科學家。

但其實我是打從在娘胎裡，就與科學家相距甚遠的人。

反正國小二年級還是個可以盡情開空頭支票的年紀，

要是一個年僅9歲的孩子，

具體說出自己將來想要在某間物流公司裡擔任採購，

或者在一間中小型企業擔任會計師，

這才奇怪，不是嗎？

然而，問題出在儘管上了年紀，

我們的夢想仍舊停留在「想當什麼？」而非「想做什麼」。

我曾經和一名皮膚科醫師聊天，

他畢業於首爾某間醫學大學，在江南區擔任皮膚科醫師，

但是在與他交談的過程中，

我難以從他個人，也就是脫下醫師袍後的樣子，

感受到任何人格特質或人生哲學，反而比較像個長不大的男孩
子。
後來，我問他幸不幸福，
他毫不猶豫地回答我：「不幸福。」
雖然在別人眼裡，可能會羨慕他有一份很不錯的工作，
但他仍很糾結沒能有更好的學歷、在規模更大的醫院裡工作。

我聽說有很多被社會認可的人，
實際上反而並不覺得自己幸福，
看來他就是屬於這種人。

青少年時期只懂埋首苦讀的他，
坦言當初只是因為「進得了醫學大學」，所以才會讀醫學系，
上了大學以後，也因為繁重的課業和實習忙得不可開交，
一晃眼就走到了今天。

他究竟為什麼不幸福呢？
他不斷追求社會地位、穩定經濟，以及周遭人士的認可，
卻沒有空回頭檢視自己的內心，導致他的內心空虛難耐。

對於這樣的他來說，當醫生是無比重要的一件事，

因為他為了填補空虛的內在和模糊不清的自我認同，

而仰賴醫師這個職業的認同度。

原以為當醫生之後一切就能迎刃而解，但他依舊覺得不幸福，

只是不斷被更大間的醫院、更高的薪水、更好的背景所羈絆，

空蕩蕩的內在是無法靠任何外在價值填補的。

一份工作對於個人來說，不只是單純用來作為賺錢的工具，

職業不會使你創造出不曾有過的自我，

應該要使你變得更像自己才對。

換言之，要有一顆小雪球，才能夠滾出一顆大雪球。

當我們只一味追求外在價值，不懂得回頭關心自我內在時，

永遠只會活在與人比較的生活裡，

無法達到真正的幸福與自我尊重。

因此，我們迫切需要的並不是證明自己的名片，

而是當個不必向任何人證明什麼的那種人。

長大以後想當什麼啊？

沒有別的問題了嗎？

我們除了當自己，不需要當任何人。

不向世俗的定義屈服

前陣子，我在住家附近的咖啡店裡巧遇國小外語老師，

她是一名加拿大人，我們閒聊了一下。

她提到自己來到韓國以後，對於有些事情實在難以理解，

韓國人普遍認為，聰明的學生是好學生，

但是在她看來，儘管功課不好，也可以是好學生，

功課再好，也未必一定是好學生。

換句話說，她對於韓國人普遍擁有的價值觀，

聰明＝好，是打問號的。

「日子過得好」這句話也和上面的例子一樣，屬於相同脈絡，

「日子過得好」，不是只有經濟條件上的穩定，也可以是擁有

健康身體、良好人際關係、擁有享受人生哲學與欣賞藝術的審

美觀，抑或透過工作所獲得的成就感等各種價值。

但是對於大多數人來說，日子過得好，

似乎只意味著有錢人的人生。

明明人生有這麼多價值，

為什麼我們會被訓練成這種光憑一種價值來衡量事情的人呢？

這很可能是深受「六・二五心性」[3]與反共意識所影響，
再也不想被侵略攻擊、把絕望代代相傳的六・二五心性，
使得人們甘於順從門禁時間與出入限制等軍事文化管治，
反共意識則把不同聲音視為異端份子，
因此，順應團體要求的方式和解答，
一直都是我們唯一的生存之道。

像這樣根深蒂固的思考模式，相傳了幾個世代，
朝著「100億美元輸出，1,000美元所得」這種量化目標邁進的
社會方式，也淺移默化成「減重5公斤，多益900分達成」等個
人的生活方式。整齊劃一的社會面貌。成了只追求單一解答的
個人樣貌，
我們的社會開始要求體脂肪最好占17%，
體重要維持在48公斤，性格要活潑開朗、謙卑有禮，
要畢業於名門大學，進大公司裡上班才符合標準。
人們聊著高標準單一化的解答，

病態地讚揚這種解答才是正解，

然後毫不避諱地羞辱正解以外的誤解，

在這當中不小心成為錯誤答案的人，

只能靠著自己的力量承擔如此不當的思維。

最終，我們的社會變得愈來愈病態，

由那些少數正解的傲慢，以及多數誤解的挫敗感集結而成。

英國記者丹尼爾·圖德（Daniel Tudor）曾經表示，

韓國是一個壓力過大的國家，

每個人都在配合不可能達成的單一標準，

不論在教育、名譽、外貌、工作成就方面都是，

從社會要求人們達成不可能實現的目標來看，

韓國是一個不可能的國家。

我們心目中「理想的自己」，

究竟是不是「可能的」存在？

切記，不可能人人都一樣纖瘦，也不可能性格都討喜，

不可能全部都畢業於名門大學，也不可能都進大企業工作。

不，應該這麼說，如果大家都一模一樣，

那就是漫畫《銀河鐵道999》裡出現的奇幻星球了。

要是這個社會、世界要求你要交出正確解答，

你一定要記得反問原因，

不應該屈服於不合理正解所打出來的分數，

也不需要因為那些正解而感到氣餒，或者貶低自己的價值。

好學生有很多種定義，

日子過得好也有很多種生活型態，

我們有權擁有各自的答案，

沒有對與錯，只是不一樣而已。

---

3 六‧二五心性：康俊晚（강준만）教授在其著作《韓國人密碼》（한국인 코드）
中提到，韓國人正過著六‧二五韓戰時期「不是死就是活」的淒慘人生，用戰
爭式思維過生活，這種佔據在韓國人意識深層的某種東西，被稱作「六‧二五
心性」。

把重搖滾視為真理的人，
可能會要求披頭四也要走重搖滾路線，
但是就算不走重搖滾路線，披頭四一樣還是披頭四。

培養自己的眼光

二十幾歲時，我讀過幾本人生勵志書，

其中有一篇是在強調：

「與其買好幾件廉價衣服，不如買一件真正有質感的衣服。」

最近，我看著自己的衣櫥，想起這段話，

裡面全是趁著打折衝動購買的冬天大衣；以及沒有考量到自己

的身材，光看模特兒穿搭照就心動下訂的裙子；還有一定會遭

母親阻擋在玄關不准我出門的清涼衣物。

但我並不後悔自己過去買過這些東西，

因為當時正處於嘗試各種風格的時期，

唯有透過各種失敗的經驗，

才能培養自己的眼光和品味，

找尋適合的穿衣風格。

如果你也有過多次購物失敗的經驗，

就表示你有認真尋找過自己適合哪一種穿著打扮。

從現在起，不妨用失敗所培養出的眼光和品味，

找出自己最喜歡的風格吧。

人生，最終就是在尋找最適合自己、質感最好的一套衣服。

她最適合俏麗短髮，

他適合穿紳士風格，

我適合穿杏桃色雪紡衫，

這些都是透過勇於嘗試所發現的事實。

一致化的經驗，會使我們誤會自己，
不同的經驗，會使我們更瞭解自己。

練習自己做決定

誠如某位哲學家所言，

人生是 B（Birth，誕生）和 D（Death，死亡）之間的 C

（Choice，選擇），

我們做什麼選擇，會決定我們的人生。

然而，放眼周遭，很多人會對於做決定這件事情感到困難，

「慎重」和「難以做決定」其實是兩回事，

究竟為什麼那些人會這麼難以做決定？

我猜或許是因為強迫觀念作祟，想要做出最完美的結果所致，

但更多人是因為對自己所做的判斷不夠有信心。

不信任自己所做的決定，

也沒自信承擔後果與責任，

所以期待別人幫忙做決定，

直到問題嚴重到不可收拾前，

都盡量選擇逃避做決定，

但這不是只有浪費時間的問題。

根據美國心理學家 Nathniel Branden 表示，

每一次的選擇會積累在我們的精神深處，然後變成自尊感。

換句話說，自尊感是由自行做過的決定堆積而成。

為什麼呢？

所謂自我信賴感，並不是相信自己絕對不會失敗，

而是在做出決定以後，不論結果好壞都會承擔時產生。

如果無法自行做決定，

累積自我信賴的經驗不足，

最終也就難以對自己負責。

做決定、負責、自我信賴，

這三點就像環環相扣的齒輪，

當每一顆齒輪都順利運轉時，

我們才能握有人生的主導權，

並透過自尊感展現自己的人生方式。

切記，就算諸葛亮住在你家隔壁，

也都不能把自己的決定權交付於他，

只能相信自己過去的經驗資料庫，

以及犯過錯的錯誤筆記，

還有你的內在羅盤，勇敢向前邁進。

人生沒有完美解答，

只要能為自己做的決定負責，

每一項決定都是正當合理的。

擁有自己的喜好

前男朋友是個很喜歡看公演的人，
那些表演多半來自國外，較多是現代舞蹈或行為藝術，
他會定期購買藝術中心的門票前往觀賞，並且希望我同行。
但不論去多少次，我都只對佛朗明哥表演有興趣，
其他都覺得好無聊。
我覺得那些表演者只是在地上滾來滾去，不想浪費時間去看。
我很坦白的說，這不是我喜歡的類型，不妨找其他人陪同。

我舉這個例子不是為了要貶低藝術公演，
而是想強調，有些人會對現代舞蹈驚嘆不已，
有些人會對航海王讚譽有加，
有些人則是對 HBO 的權力遊戲表示讚嘆。

有些人會對個人喜好區分高下，
或者要求別人也要和他有同樣喜好，
然而，喜好上的差異並不是區分優劣的證據，
也不是可以強求的領域。

為了讓人生變得更多彩，一定要找到自己的喜好才行。

為此，必須先忠於自己的感覺，

不能順應他人的評價或眼光，

也不能盲目追求社群網站上容易被按讚的事物。

若要深入感受自己的喜好，培養眼界自然是必須的，

喜好是透過感受發現，不是透過開發發掘。

比起公演，我更喜歡看展覽，

比起悲情片，我更愛喜劇片，

比起紅酒配牛排，我更喜歡韓式烤豬排配辣拌冷麵。

我們需要的不是適合填入自我介紹上「興趣」欄位的喜好，

而是自己真正的個人喜好。

其實人生的浪漫與美好，就存在於這些喜好當中。

幾年前，我看完電影〈全面啟動〉之後⋯⋯

「我覺得還好耶。」

「妳不懂電影啦！」

「該不會是看不懂劇情吧？」

各位，拜託放尊重點。

面對真正的自己

其實討厭人是一件滿累人的事情，

所以學生時期的我，

最煩惱的事情就是班上一直會有討厭的同學出現。

高中時我和一名同社團的同學吵過架，

當時她想擔任社長，找老師毛遂自薦，好為內審成績加分，

但她卻跟我說是老師指派她擔任的，等於是對我說了謊。

我當時覺得她很自私，

後來又發生了幾件不愉快的事情，我們就漸行漸遠了。

爾後，我每次只要一看到她，就會明顯表現出一臉厭惡。

隨著時間流逝、年齡漸長，

每當回想起這段往事，

就會覺得自己當時何必讓她難堪，

既然是處不來的人，保持距離不就好了。

儘管我覺得自己當時處理得不夠圓融，

但不可否認她還是有討人厭的一面，

而討厭某人也只是人之常情罷了。

然而，當我驀然回首，

我才發現原來我總是把自己犯的錯視為人之常情，

其他人所犯的錯卻無法用人之常情來合理化，

怎麼會這樣呢？

其實每個人多少都會有利己之心，

既然當時的我還年幼無知，想必那位同學也是一樣的。

過去，我只認同自己喜歡的一面，

比方説，我會批評自私自利的朋友，

藉此展現出彷彿我是一個博愛無私的人，

當我展現出自己也不喜歡、不認同的面貌時，

則選擇假裝沒這回事，順其自然地帶過，

好像那些面貌不是自己似地，

可見當時我是多麼的傲慢。

分析心理學創始者——卡爾・榮格（Carl Gustav Jung），

把想要隱藏的性格稱之為「陰影」，

他主張每個人都有自己的「陰影」，

而且陰影是不可能完全消除的，

為了擁有健康的內在，

最佳方法就是和陰影和平共處。

我們對一件事情不會只有一種情感，

任何人都會有一些不想承認的窩囊面、自私面、黑歷史，

但是如果因為不想看見內在陰影而不去承認它存在的話，

自我概念就會變得雜亂無章，無法意識到真正的自我，

也難以掌控自我。

我們為了培養更健康的內在，

需要自覺、接納自己的不足。

因此，試著承認自己討厭的那些面相吧！

當你面對真正的自己時，

才能允許隱藏的慾望存在，

並對自己以及他人都更加寬待。

從現在起，別再假裝沒看見，也停止為自己辯解，

當你能夠欣然面對不論喜歡還是討厭的自我面貌時，

才能夠成為人之常情的人類，而不再是傲慢的人類。

我們不會因為誰不夠完美而討厭對方，

只會因為假裝完美的傲慢態度而倍感厭倦。

這是我嗎？　　　妳不知道嗎？

妳本來就這麼機車！你我都只是不完美的存在。

站在可以發光發熱的位子上

國中時期，我和一名同學一起到政府機構擔任過志工，

當時主管派給我們的任務是把文件上的項目整理成一份清單，

然後比對幾組數字，確認有無錯誤。

我一直以來都是個對數字陌生的人，

當下一看到那些文件，強烈的睡意就開始席捲而來。

正當我拖著快要闔上的眼皮努力工作時，

另一名同學早已把文件整理完畢，甚至表示有趣。

我感到十分好奇，所以問她究竟為何有趣，

結果同學說她很喜歡找錯誤，

從整理資料的過程中，可以感受到滿滿的成就感。

後來，那名同學上了稅務系，現在也在國稅局上班，

我相信她一定是工作細心、不論在哪上班都飽受好評的員工。

一個人如果想要尊重自己的人生，

必須先瞭解自己的才能，

然後選擇從事能夠發揮這項才能的職業才行。

否則就得忍受工作上的苦悶，甚至感受不到自己的價值。

然而，許多人一聽到要找到自己的才能，

就會誤以為是要找到藝術方面的才能，

或者別人沒有的特殊技能，

彷彿只有異於常人的才能才具有價值似的，

要是不斷被困在這樣的思維裡，

就永遠無法注意到自己的才能與優點。

才能是可以透過培養逐漸形成的，

把它養得愈大，可以扮演的角色也就愈廣，

比方說，擅長寫作的人不需要全都去挑戰新村文藝獎，

比起才能是否專精，更重要的是具體知道自己具備哪種才能。

那麼，究竟什麼是才能？

在我的認知裡，才能就是比其他人更「容易」做到的事情。

這不僅限於特殊才能，

有些人的才能是整理文件，

有些人的才能是和不熟識的人也能馬上打成一片，

有些人的才能是很懂得察言觀色，

有些人的才能則是善於聆聽別人的發言。

這些才能都不像畫畫、唱歌等，輕易被人發覺，

所以為了發現自己的才能與優點，就得對自己有充分的關注，

然後找到一份適合發揮這項才能的工作或位置才行。

不妨把自己喜歡做的事、能比別人更容易辦到的事情記錄下來，

如果實在想不出來，

上網進行性向測驗也是一種方法，

無論借助哪種方法，都得先徹底瞭解自己一番才行。

你會找到想做的事與擅長的事，兩者之間的交叉點，

當然，這過程不會一蹴可幾，也可能花上你很多時間。

但要是對自己的人生都不願意投入這種程度的關心和努力，

也就別奢望能得到其他人或自己的尊重了。

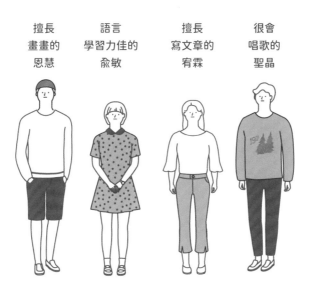

擅長
畫畫的
恩慧

語言
學習力佳的
俞敏

擅長
寫文章的
宥霖

很會
唱歌的
聖晶

資本主義的最大悲劇,
就是把無法換算成金錢的才能視為
一文不值。

Part 3

爲了不被焦慮感綁架
需要這些生活清單

擔憂，不會為你分擔明日的悲傷，
只會耗盡今日的力氣。

——科特．柯本(Kurt Cobain)

人生本來就充滿不確定性

我很喜歡找人算命，

但是算出來的結果究竟可信度有多高？

電視節目〈李英敦 PD 出發了（이영돈 PD 가 간다）〉正好為我

解開了心中這項疑惑。

記得某一集主題是「驗證韓國十大算命師」，

製作單位親自拜訪全國各地最靈驗的算命師進行驗證。

驗證方式是把兩個人的生辰八字提供給算命師，

一名是連環殺人魔，另一名是小時候就被擄走撕票的孩童，

測試算命師能否準確講出兩人的命運。

其中有些算命師真的很神，準到不可思議，

但是大部分算命師算出來的結果都和事實不符，

真正通過製作單位第一關驗證的算命師竟然只有 6 名，

後來順利通過第二關驗證的則只剩 2 名，

就連最後通過終極驗證的算命師，

也對自己算出來的結果沒有百分之百的把握。

製作單位宣稱總共包了一千萬韓元以上的紅包給這些算命師，

少說也見過上百名算命師才對，

但是真正算得準的人竟然寥寥無幾。

最終，算命其實就像摻有5% 紅蔘粉的紅蔘糖一樣，

只是帶有一點點真實性的推測罷了。

儘管如此，人們還是會為了想要得到一個明確答案而去算命，

但是我敢斷言，就算大預言家諾斯特拉達姆士（Nostradamus）

起死回生，也難保證未來會是什麼模樣。

這不是因為算命師的功力不夠，或者紅包給得不足，

是因為人生的本質本來就充滿著不確定性。

這麼說或許對於需要明確答案的人來說有些抱歉，

但是根據本人過去十年算過各種塔羅牌、生辰八字、乩童算命

所得到的結論是，

人生，其實就是要能撐過這些不確定性。

我們之所以算命，

其實都是為了聽到一句好話或安慰。

但比起算命師，更應要相信人定勝天。

「凡事都會順利的。」

她永遠年輕。
他永遠健康。
她永遠不孤單。

最容易把某項命題變成假命題的方法，
就是加上「永遠」這個時間副詞。

擁抱問題努力活下去

人生總是會有遇到不順遂的時候，
有些事情甚至連解決對策都沒有。

當那些再也無法挽回的事情、
因為過去的失誤而影響至今的事情、
應該要長期花心思照顧管理的事情……，
當這些事突然接踵而至的時候，
就會想要放棄這種傷痕累累的人生。

「要是人生也能像電動遊戲一樣重新開始該有多好。」
「既然這輩子已注定失敗，還須要認真過接下來的日子嗎？」

我也曾經有過這樣的念頭，
但是最終還是做出了「我不想死，還想活」的結論，
要是只因為那幾件事情就放棄整個人生，實在太不甘願。
也許我的人生看在其他人眼裡覺得不怎麼樣，

但是這樣的人生卻是我的全部，

就如同韓劇〈又，吳海英（또 오해영）〉裡吳海英說過的，

「我依舊愛我自己，並期望自己能更好。」

你也很可能因為生活太疲累，對自己倍感厭倦，

或者實在難以承受某些事情，而有過想要放棄自己的悲觀念頭，

但是別忘了，沒人能替你照顧你的人生。

如果只是因為多了些傷口，或者對自己不甚滿意，

而不去接受任何人的關心，讓你的人生獨自哭泣，

那會不會太對不起自己呢？

不論人生遭遇任何挫折，只要充分難過、痛苦過，

就該學習如何與那些無奈的現實和平共處。

不是因為你的痛苦微不足道，

也不是因為其他人亦是如此，

是因為這是你最心愛的人生，

由衷祝福你，演繹出精彩絕倫的人生。

擔心著任誰都沒辦法解決的問題、渴望獲得安全感，
就好比生活在無塵無菌室裡是一樣的道理。
人生的安全感，
是透過勇於面對不確定性所獲得，
和排除掉多少不安全感無關。

人生，有時是靠自己的意志活下去，
有時則是隨波逐流。

不再覺得是自己的問題

我們從小就對家庭存有一種既定印象，

認為親子關係緊密、父母給予孩子無限愛意，

才是所謂「正常家庭」。

但放眼周遭，有多少父母真的如此完美？

人們總是把媒體呈現出來的樣貌，

以及別人選擇展現出來的美好面，

當成是完美無缺的理想正常狀態。

這樣的誤會使得一般人認為，

自己是不完美的存在，

並在內心深處培養出一股自卑感。

然而，什麼叫做不正常呢？少數就表示不正常嗎？

如果完美無瑕的狀態才叫做正常，

那世上真有這種人生嗎？

精神分析大師佛洛伊德定義的「正常」，

是要有一點歇斯底里、一點偏執、一點強迫症，

所以「正常」應該也不是指無暇，

而是有一點傷痕、一點缺乏、一點不足。

人生有各種型態，我們都是用不同面貌過日子的少數罷了。

不論你生長在什麼樣的家庭背景，

不論你有什麼問題或缺乏什麼，

你都是再正常不過的人。

人們只是把不幸的那一面隱藏得很好，

世界上沒有普遍的幸福。

當你碰上不想遇到的麻煩時，
有些人會覺得自己很倒楣，
有些人卻能視其為人生中的一則趣事。

幸福，就是在這種時候決定。

不寫荒謬的未來腳本

過去有段時期，我老是擔心一些雞毛蒜皮的小事，

因為總覺得先把情況想到最糟，

萬一真的發生什麼事，至少不會太受打擊。

舉例來說，我可能咳嗽咳得很厲害，

就會先猜想自己會不會是肺有問題，

看完醫生得知只是流感的話，就會鬆一口氣，

等於是為了讓自己安心而杞人憂天。

不過神奇的是，人心總是會省略掉中間那段思考過程，

久而久之，只要一咳嗽，就會擔心自己一定是罹患肺病，

搞得我整天提心吊膽。

於是，過分的擔心成了一種習慣，

不停在腦海裡沙盤推演最壞情況，把自己搞得精神虛弱。

對於還沒發生的事情過分操心，

就和害怕會有戰爭而躲居地下室，

或者為了以防萬一而大量囤貨是一樣的道理，

都是在做浪費生命的事情。

那麼，該怎麼做才能減少這種浪費呢？

其實大多數的擔心都是不合理的，

而且都是來自過度負面的想法。

所以如果想要停止過度擔心，就要先從矯正負面想法開始。

各位不妨先仔細觀察自己到底在擔心什麼，

是在擔心發生機率微乎其微的最糟情況？

還是單靠一個線索，就開始庸人自擾？

切記，千萬不要因為一個捏造出來的未來而毀掉現在。

你的痛苦其實是來自你所寫的荒謬腳本。

「韓國人好愛問一些
關於未來的事。」

義大利 阿爾貝托・蒙迪

過度糾結未來,
會不會反而失去當下?

134

尋找真正的解決之道

人類有著「魔術性思考」，這是一種原始性的思考。

比方説，在沒有天氣預報的原始時代，

要是碰上連日大雨、颱風等天災會是一件很可怕的事情，

因此，原始人把處女作為獻祭儀式上的祭品，

以避免惹怒天神，招來災禍。

但其實雨只要下到一定的時間，自然就會停止，

他們獻給神的祭品對氣候一點影響也沒有，

只是藉由這樣的行為，

得到人類還是能控制大自然的信心，進而感到安心罷了。

像這樣當人類遇見不可控的情形感到焦慮與不安時，

為了安撫內心恐懼而觸動的機制，就是魔術性思考。

在我年少無知的時候，也曾因為在學校裡學了反共教育，每晚
睡前都會禱告，希望不要再有戰爭發生，就這樣維持了一年。

儘管這禱告對於國際情勢起不了任何作用，

但當時的我天真以為，只要認真禱告，就不會有戰爭發生。

如今，我們已經不再是原始人或十幾歲小朋友，

卻仍依賴魔術性思考，

就如同為了防止洪水而把處女作為祭品、

為了避免戰爭發生而每晚虔誠禱告一樣，

當站在不可控制的事情面前時，

我們寧願選擇相信較為簡單的解決對策以讓自己心安。

因此，人們會為了撐住生活壓力而去請神問佛，

面對早已暴力成性的男友，也選擇接受他所做的辯解，

就算問題早已浮上檯面，仍假裝視若無睹，

盲目地追求與幸福無關的事物。

然而，愈靠這種不切實際的方法來逃避現實，

就愈難找到真正的解決對策。

很多人寧願相信，隨著時間流逝，問題自然會迎刃而解，

但是有些事情並非單靠時間就能解決，

就像沒完成的作業也不會有精靈趁你睡覺時幫忙寫完一樣。

如果你一直陷在某個泥沼裡無法脫困，

那就表示是時候該回頭檢視自己，

是不是都在用不切實際的方式面對，而沒有好好正視問題。

到最後，你會面臨不得不面對問題、找出解決對策的時候，

當然，那段時間一定會令你苦不堪言。

指找回內心意識之光，

盼你可以從長期飽受折磨的事情中徹底解放。

回首來時路，要帶走的不是後悔，是評價；

放眼未來路，需要的不是擔心，是判斷。

不讓自己變得過度敏感

我有個朋友曾經出過車禍，

過馬路時原本停等紅燈的車輛突然朝她直衝過去，

原來是新手駕駛不小心誤踩油門導致，所幸傷勢並不嚴重。

但是自從我聽聞這件事情以後，每當過馬路時就會提心吊膽。

所謂焦慮感，就是一種茫然的預感，

害怕再次重演過去負面、恐怖的經驗。

我們以為只要見過世面，就會成為見怪不怪的大人，

但是隨著年齡增長，

累積的負面經驗愈多，自然就愈容易感到不安，

然後那些負面經驗也會間接影響我們，

就像我受朋友的車禍事件影響一樣。

如今，我們都身處在充滿著不安的世界裡，

媒體不斷報導著各種事故案件，

健康資訊節目也不斷強調要預防、慎防的事情，

不穩定的經濟也難以給我們任何保障，

每個人都神經繃緊，隨處可見精神異常者，

加濕機的殺菌劑[1]甚至不是用來「殺菌」，而是「殺人」的。

聽聞這麼多人心惶惶的事件，

我們自然會變得過度敏感、焦慮不安，

實際與想像的界線甚至也變得模糊，

就算不是多麼嚴重的事情，

也會像發生緊急狀況一樣坐立難安。

其實我們都應該像李時炯（이시형）博士的著作《活得遲鈍一些（둔하게 삽시다）》書名一樣，

---

[1] 2011年，南韓曾發生因使用「加濕器殺菌劑」導致多名孕產婦死亡的事件，詳細內容請見：https://bit.ly/2FjCIlO

神經大條一點才對。

我們要告訴過度敏感的自己，

那些只是過去發生的個案，

事情不一定會往壞的方向發展，

況且我們也不可能掛心每一項微乎其微的可能。

放輕鬆，回到真實的世界吧！

別再停留在腦海裡的想像世界了。

我們實際經歷過的人生，

往往比想像中平淡安穩許多。

就算是提升風味的調味料，
加太多也會把料理搞砸。

放任自己難過

人生中會面臨許多離別，和珍貴的人、稍縱即逝的童年、
自己理想的樣子、青春年華、深信不疑過的真實道別，
在這些無數次的道別中，不論時間長短，都需要一段哀悼期。

哀悼，是指沒有任何心理上的抵抗，讓自己充分難過，
然而，我們總是沒有勇氣面對自己的痛苦，
刻意選擇迴避或壓抑，
或者根本搞不清楚自己的內心，不讓自己有難過的機會。

佛洛伊德曾説，當人類沒有進行充分的哀悼時，
就會陷入憂鬱。

人類的情感並不會因為把它層層隔絕就消失不見，

沒有經歷哀悼的失去，會在尚未充分消化前變成憂鬱，

然後使我們裹足不前。

如果你也正因為不明原因所引發的不安而躊躇不前，

就得先找出問題的真面目。

就算它躲得再好，無法一眼看見，

也要透過自我提問、尋找線索來發掘。

而儘管找到問題的癥結，也不表示事情終結，光只是找出答

案，可能仍無法控制住情緒。

因此，一定要對自己的內心深處大聲提問，

究竟是和什麼事情道別？

並且向那些不得不道別的事物，

表示哀悼。

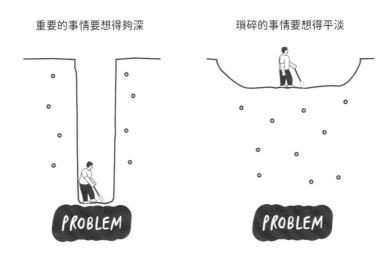

重要的事情要想得夠深　　　瑣碎的事情要想得平淡

為了釐清問題的真面目，
需要的是思考的深度，而非煩惱的多寡。

心力交瘁時要懂得示弱

我是一個不太會喊累的人，

不僅不會對別人説，

自己也很少這麼認為，

因為感覺講出來以後，只會變得更提不起勁，

所以我總是把「沒問題」掛在嘴邊。

但是故作堅強久了，對自我的感覺就會鈍化，

這種對自我的鈍感也會影響到其他知覺，

放任自己被不斷壓榨，

就算體力已經達到極限仍渾然不知。

因此，就算沒有人察覺，

就算情況不會有所改變，

辛苦的時候仍要懂得喊苦，

撐不下去的時候也要懂得暫停腳步，

我們不可能永遠堅強，

也不可能光靠一句「沒問題」就安撫好心情。

當人生有太多 ActiveX 需要下載安裝時，

或者快要被過多的責任感淹沒時，

一回到家裡就想要放聲大哭時，

一定要記得說：「我其實很辛苦。」

這世上只有你可以保護自己，沒有人能代替你，

無法承擔的犧牲只是一種自我虐待，

偶爾自私一點、不負責任一點也無所謂，

沒有什麼事情是比放任自己快要窒息來得更對自己不負責任。

所以我也想藉此機會說一下，我真他Ｘ的辛苦到快死掉。

也許，我們是從小就被教育成，
展現自己的情感是一件不對的事情。

不因焦慮而像隻無頭蒼蠅

回想當年大學剛畢業的時候，我其實做過滿多事，也自認是有
認真過生活的。

我在商業競賽中拿過獎，也參加過某個怪異團體所舉辦的領導
力培訓計畫（甚至要付費才能去上課），

有段時期，我還有找過助理的工作，

如今看來，當初做了好多對現在的工作毫無幫助的事情。

當然，世上哪有一文不值的經驗？

賈伯斯學字形設計不也對日後設計蘋果產品帶來很大影響嗎？

但一生的時間有限，要先有自己的專業領域，

其他附加經驗才會變得有價值。

正因為我們身處在彷彿不做點事情就會被淘汰的世界，

所以一定要找點事情來做，才會感到心安。

然而，根本搬不上台面的中文實力，

證明不了任何資格的幾張證書，

以及根本記不得做過什麼事的社團活動等，

光靠這些是無法保障人生的，

那份安心感也很容易稍縱即逝。

世界上充斥著想要利用我們的不安感獲得利益的人，

如果不曉得什麼才是真正重要的，就會很容易迷失方向。

因此，別再只是為了證明自己有在認真生活，

或者為了不和社會脫節，而過著瞎忙的生活吧。

不妨先重回原點，思考一下：

「為了我的人生，想做點什麼？」

先設定好目標，再尋找方法，

充分意識你的目的並躬行實踐，

所謂安心感，是來自於這樣的過程。

我們能做的，
只有忠於當下。

Part 4

爲了與人和平相處
需要這些生活清單

當大家存心要罵我的時候，我心裡是這麼想的：
「我並不會因為你們罵我而毀壞，
也不會因為你們誇我而偉大，
所以任由你們罵吧，我會過我自己的人生。」

——《金薰終究是金薰，PSY終究是PSY》書中的金薰訪談

對彼此保有最基本的禮貌

有段時期，網路上瘋傳一則新聞，

一名失蹤男子被發現時已成一具冰冷屍體，

眾人紛紛揣測，會不會是他自己不慎引發的意外事故？

但其實不論這件事情是自殺、他殺或意外事故，

都是一場悲劇不是嗎？

就如同對於都市人來說，山上的窮人村是種浪漫，

對於旅人來說，貧民窟是種體驗，

對於第三者來說，某人的悲劇也可以是茶餘飯後的話題。

我們有時候會像這樣對素未謀面的人抱有過度好奇，

但要是自己成了那些故事的主角，

你會允許其他人這樣評論嗎？

我們其實無權瞭解別人的私領域，

如果不希望自己的人生被放在砧板上任人宰割，

我們也要懂得尊重其他人的人生。

不可能只要求自己的人生要倍受尊重，

也不可能要求別人忘掉自己的一切，

卻想要知道別人的一切。

守護自我人生的前提，

是對別人的私生活不再好奇，

而這也是身為人類能夠給予彼此的最基本禮貌。

✦ 不強求所有人都要理解自己

什麼時候結婚？找到工作了嗎？有戀愛對象嗎？存多少錢了？

人們往往誤以為，自己是對這些問題感到不自在，

但其實真正令我們感到擔心的，

是回答完這些問題以後別人對自己的評價。

只因為與他們的方式不同，就把我們當成做錯事情的人看待，

明明對我們也不甚瞭解，卻自以為是心理學家、心理分析師，

或者是最中立的評論家，對我們妄下定論。

然而，這就像是如果有人不能理解一元二次方程式，

問題是出在那個人理解力不足，而非方程式有問題一樣，

如果有人無法理解我們，

那也是那些人的理解力有問題，絕非我們的問題。

所以根本不必在乎那些人，
更不需要向他們證明什麼。

你的人生是自己的，
絕對不是為了尋求那些人的理解而活。

以旁觀者立場當成是當事者立場的那份傲慢，
總是曲解了真實。

「實在無法理解她耶。」

我活著不是為了尋求妳們理解的。

不侵犯彼此的界線

我有個朋友總是樂觀開朗，

大學時期就算被堆積如山的報告追殺，

出了社會就算需要徹夜加班，

也都從未看過她面露憂愁或痛苦，

其他朋友也對於這樣的她感到十分神奇，

難道世界上真的有這種一點負面情緒都沒有的人嗎？

身為她十多年的老友，

在我看來，她應該不是刻意隱藏陰暗面，

而是真的沒什麼陰暗面。

她的體力很好，心理也很健康，不會過度敏感，

只是她和朋友之間往往會保持一條界線，互不侵犯，

感覺是很重視私人領域的人，

但這並不表示她有很多不可告人的秘密或者城府很深。

每個人都有自己的私領域，

只是對於安全距離的範圍設定比一般人大一些而已。

從小，我們就很習慣用「我們難道不是姊妹嗎？」（當然不是）
來試圖侵犯朋友之間的界線，
甚至把這樣的行為當成是親密的一種表現。

但是失去朋友之間的界線，
確認對方每一個內心角落的陰暗面，也未必就是友好的關係，
我們不能打著朋友的名義，強迫對方釋出個人界線通行權，
就算有人界線範圍比較廣，
那也不是其他外人可以去任意打破的，
任意挖掘別人的私領域更是屬於暴力行為。
因此，所謂良好的關係，是尊重彼此的界線，
好友，是站在能夠確保彼此安全感的距離，
靠友愛維繫關係，並感受親密。

我們之間就算存有一些界線，
對我來說，她仍然是很好的朋友。

失衡的關係最終只會走向崩解。

◆ 當個宅心仁厚的個人主義者

《被討厭的勇氣》這本書在日本和韓國都登上了暢銷書排行榜，

不只銷售成績亮眼，還為低迷的出版業掀起了一股新浪潮。

這本書為什麼能在這兩個國家如此暢銷？

我想，最主要是因為相較於高經濟發展，

兩國的國民幸福指數都明顯偏低的緣故，

而且都是在幸福相關研究裡占重要指標的國家。

其實感受幸福與否的重要文化關鍵在於「個人主義」，

個人主義愈強，不論所得高低，國民的幸福指數就會愈高；

反之，就算國家經濟水準再高，

只要個人主義尚未發展純熟，就不會出現相對應的幸福指數。

而身為超級集體主義社會的韓國和日本，就屬於後者的情形。

那麼，究竟是集體主義的哪一部分阻礙了個人幸福呢？

在集體主義社會裡，比起個人自由，

會以團體目標與和諧為優先，

也會為讓團體持續發展而約束個人，

光這點就已經夠累人的了，

然而更大問題是約束人的「手段」。

在個人主義社會裡，社會利用「罪惡感」來約束個人，
在集體主義社會裡，則是用「羞恥心」來約束個人。
罪惡感是從自己的角度觀看自我所感到的羞愧感，
羞恥心則是從他人的眼光看自己所感到的羞愧感。
因此，我們不斷在意他人的眼光，約束彼此，
從他人的眼光檢視自己的行為，
甚至得出「一定要過好日子證明給別人看」、
「一定要活出不愧對某某的人生」這種無聊的結論。

像這樣過度在意他人的行為，
彷彿是在心裡架設了一台監視器，
感覺一直有人在監視著自己，並感到坐立難安。
因此，《被討厭的勇氣》一書能夠在日韓兩地創下佳績，
顯示出兩國人民都活在別人的目光底下，
也早已對集體主義的生活模式感到厭倦疲乏。
韓國之所以會變成集體主義社會，
多數人認為是受過去農耕社會所影響，

但是現在早已不是需要共同務農的時代，

比起被討厭的勇氣，我們更需要的是宅心仁厚的個人主義。

並不是因為外國的月亮比較圓，

而是因為現在的集體主義文化弊大於利。

根據研究結果顯示，

有別於一般認為個人主義會比較容易出現反社會型行為的觀念，

其實個人主義是和親切、寬待、社會互助相連的，

因為尊重彼此，所以更可以創造出熱絡的人際關係。

我們需要兩種改變，

一是不再過度關心、干涉其他人的人生，

這某種程度上是培養感受性的問題；

二是不對別人的反應過度敏感，

認同各自的人生方式與價值觀，學習和平共處。

我自己也朝這樣的方向努力當中。

為了讓你我都可以更幸福一些，

對自己和他人都要寬大為懷。

我們需要的不是擔心，是尊重。

◆ 不在日常生活中分勝負

大學迎新活動時，我和一名女同學聊天，

她高中時就讀於首爾某間美術高中，

而我們班上剛好也有幾名同學讀那間高中。

我好奇地問她：

「妳和 A、B 以前是同學嗎？可以一起當大學同學好好喔！」

「還好，以前我們不熟。」

「蛤？為什麼？」

「都是競爭對手啊！」

瞬間，我以為在看青春校園連續劇。

現在回想這段往事，還是會覺得那位同學有點誇張，

但不可否認，當時是我太天真，

其實競爭型人際關係早已深入日常生活當中。

學生時期，我讀過「提升成績秘訣」這類型文章，

其中一項秘訣就是設定一名競爭對手，

所以我也有把一名同學視為假想敵，

但過沒多久就以失敗收場了。

因為我一直想不通一件事，

全國上下多的是比我會讀書的學生，

贏過這一個假想敵的意義到底何在？

幸好我是因為想不通而放棄這件事，

但我相信一定有很多學生讀了這種文章以後，

真的去設定心目中的假想敵。

原本正值奠定友誼基礎與對世界信賴的時期，

竟會為要擠進更好的大學、拿下更好成績，

而被督促要建立競爭型人際關係，

不再把其他人視為值得信賴的對象，反而成為競爭對手，

抹殺同舟共濟的意識，破壞對人和世界的信任。

所以儘管我們的社會屬於超級集體主義，

仍是 OECD[1]會員國中「共同體指數」與「社會關係」最低的

國家。

比起個人主義早已根深蒂固的西方社會，

儘管我們生活在強烈的集體主義文化裡，

---

[1] 經濟合作暨發展組織，原名為 Organization for Economic Co-operation and Development。

努力迎合他人的目光，

卻是毫無信賴或情感連結可言。

當在人際關係中汲汲營營，

到頭來卻發現仍是孤單一人，

這樣的事實使我們身心俱疲，

也不曉得這麼做能得到什麼？

競爭型人際關係真能使自己擁有強大的競爭力嗎？

我不這麼認為。

舉例來説，小説家韓江並不是因為把朱利安‧巴恩斯（Julian
Barnes）或村上春樹當成競爭對手，

才寫出《素食者》並獲得曼布克獎[2]。

如果與人相處時容不下自己有一絲一毫的損失，

一聽到堂兄弟姊妹已經開始有購屋計畫就眼紅嫉妒，

抑或是無時無刻都想要與人一較高下、分出勝負的話，

那你很可能已深入於競爭型人際關係。

然而，競爭心只會使人變得失魂落魄，並不會培養出競爭力。

---

[2] 為每兩年舉辦一次的國際文學獎，主要是表彰世界各地使用英語創作的作家或者翻譯文學作品的優秀人士。

與其把自己以外的所有人都視為勁敵，以用來激勵自己，
應該去創造自己的世界與處理真正該做的事。
然後更進一步去修復對他人的信賴，
尋找不分優劣的共同體。

當你在那安全的藩籬裡創造屬於自己的世界時，
你所擁有的力量與可能性會變得更為明確。

永遠沒有人能偷走你的幸福。

不為討好別人去當個爛好人

小時候，我認為那些人前笑嘻嘻、人後嚼舌根的人很虛偽，

所以我總是在人前人後都罵對方，

所以無意間樹立了許多敵人。

我很想當個好人，

所以對於根本不可能碰面的陌生人會討厭我的事實，

感到不是很愉快。

我也原以為，就算聽到有人對我有些負面評論，

只要自己問心無愧即可，

但出乎意料的是，原來我不但當不了好人，

還成了個不敢說真話的人。

為什麼一定要當別人心目中的好人呢？

老實說，到現在我還是沒有放棄這樣的疑惑。

面對自己、所珍惜的對象，以及需要幫助的人，

都還是會希望可以在他們心目中留下好印象。

但是面對肆意評論我的人，

我決定再也不迎合他們。

因為我們只是對等的存在，我並非弱者。

如果還想在這種人面前努力當個好人，

那就只是喪失對自我的正當防衛功能而已。

所以就算有人討厭我，

這樣的事實也不再會對我造成傷害。

雖然不去傷害他人是一項重要的美德，

但是保護自己也是一種責任，是權力。

致我的敵人，

我會毀滅你。

To my enemies.

I will destroy you.

你覺得我是個瘋子嗎？

沒錯喔，所以最好都給我閃邊去。

快滾吧！

先發攻擊者　有罪
正當防衛者　無罪

哈哈哈～

不對「無須感到害羞」的事情羞愧

母親小時候發過一場高燒，後來出現口眼歪斜，

但我從來沒有覺得母親的臉有問題，

直到國小三年級時，母親和我一起參加學校的遠足活動，

我才聽見班上的女同學說我母親的臉很奇怪。

我小時候是個非常害羞的孩子，

幼稚園去參加泳池戲水活動，

也是自己一個人躲在角落更換泳衣。

而儘管我聽見同學說母親的臉很奇怪，

我也絲毫沒有感到丟臉，

因為母親的臉是那場高燒後留下來的後遺症，

我不覺得這有什麼好需要感到丟臉的。

一名朋友聽聞好友入住月子中心期間，

被某位媽媽詢問先生的工作是做什麼的？

家住公寓大樓還是一般住宅？

房子是自己買的還是租的？

然後才選擇和幾個她認為值得交往的媽媽交換聯絡方式。

但社會上的確還是存在這種人，

傲慢無禮、按照自己的標準來挑選人脈。

當那位朋友入住月子中心時，

就刻意與其他媽媽們保持距離。

這就是所謂的惡性循環，

顧人怨的明明是那些人，

正常人反而變得畏畏縮縮，

與人保持警戒，甚至躲避隱藏。

然而，我們究竟要對什麼事情感到害羞？

真正該感到害羞的是誰？

我們不必因為那些人的偏見、無禮、庸俗而難過，
雖然不太可能向對方說「閉上你那張嘴」，
但至少，我們不必對「無須感到害羞」的事情羞愧。

任意看輕他人的人，才是最可笑的。

綜藝節目〈認識的哥哥（아는 형）〉裡，
一名女藝人指著歌手 Jessi 的胸部說：
「怎麼了？難道是假的？」
結果 Jessi 回答：「關妳什麼事！」
是啊，關你什麼事！

「關你什麼事！」

◆ 不期望和每個人都有好交情

朋友有個鄰居，是一名老奶奶，

某天，她到朋友家作客，

離開前她問我朋友，下次能否再來坐坐，

朋友因為是個不擅於拒絕的人，所以只好勉為其難答應，

沒想到接下來換那名奶奶的孫女到她家宣傳奇怪的宗教，

甚至還帶朋友突然登門拜訪。

不論走到哪裡，都會有這種「給他方便當隨便」的冒失鬼，

所以有時我們也要懂得即時踩剎車，不能老是釋出善意，

就算當下可能會使對方感到不悅，仍要適時表達自己的立場，

偶爾拒絕對方，甚至展現出自己不是那麼好講話的樣子。

當然，這件事情說來簡單，要做到很難，

所以我也經常思考，

到底還要不要繼續在對方心中留下好人印象？

對方能夠包容我的婉拒指數是多少？

如果為在對方心中留下好人印象，

卻會使自己感到不舒服，甚至出現損失，

不如當個不好說話的人。

千萬別把守護自我底線視為是斤斤計較的表現，

況且如果對方真的是值得努力維持關係的人，

也應會理解你的需求與立場。

要是對方只因為你的拒絕而心裡不是滋味，

那就表示也不需要為這種人做更多努力。

我們不該侵犯他人底線，

也要懂得守住自我底線。

結論是我們不可能和所有人都相處融洽，

所以第一優先順位，永遠都該留給自己。

真正視我如己出的人，
打從一開始就不會理所當然要我做為難的事。

◆ 小裂痕與大傷害

要是才剛換新手機就發現有刮痕，

不免都會感到有些心痛，

雖然對手機功能不會造成任何影響，

但卻因為個人一時失誤，有了那些小刮痕。

我們的日常生活充斥著這種大小刮痕，

不論多麼小心翼翼也難保一定可以避免。

所以與其鬱鬱寡歡，

不如把它當成是不可避免的事情，

要是把這些小裂痕當成是無藥可救，

然後再去重新買一支新的，也只是得不償失。

這種日常生活裡的小裂痕，同樣可以套用在人際關係上。

就算再要好的關係，也會有出現小裂痕的時候，

不可能從來都沒問題，一定會碰上傷感情的情況。

如果關係嚴重受損，已經是難以彌補的程度的話，

不如直接選擇放棄，另尋他人建立新關係。

但要是因為難免會產生的小裂痕而全盤否定掉對方，

那麼，你的人際關係同樣也只會得不償失。

關係潔癖的結局是孤單一人，

最終只有你的損失最大。

因此，若發現人際關係出了點裂痕，一定要仔細觀察，

究竟是會導致友情或愛情再也無法正常運作的大傷害？

還是只需要調整一下，關係仍不受影響的日常裂痕。

千萬別只期待有 Best friend，

而忘了 Good friend 的價值。

不是朋友變了，
是我們都越來越做自己。

◆ 用心經營現在的人際關係

從10世代到20世代，然後再到30世代，

我的好友清單更新過幾次，

有些朋友是一直位居最要好的前幾名，

有些朋友則是已經鮮少聯絡，甚至消失在好友清單裡，

也有新認識的好朋友，可以一起分享許多日常點滴。

回首過去的交友狀況，

原以為會永恆的友誼，突然提早下車時，

我會對於無法維持那段關係深感自責，

苦惱著自己當時為什麼不能成熟一點？

而現在的自己又和當時有何不同？

但是換個念頭一想，就如同對方會有極限一樣，

當時的我一定也是因為自認已走到關係的盡頭，

畢竟人總不可能把生命中的每一段關係累積延續，

所以相對薄弱的關係自然就會隨著時間淘汰。

這並不是因為我們有問題，

友情走到盡頭是任何人都會遭遇的事情。

因此，面對已逝的關係其實不必太責怪自己，

也不必杞人憂天地擔心現有關係會不會哪天也離之而去。

我們可以用心對待現有的人際關係，

然後去認識和現在的自己相像的朋友。

就好比你需要某人當朋友一樣，

有人也一定需要你這樣的朋友，

不完美的我們，

就是這樣依賴著彼此生活。

如果因為孤單而去和一個不夠真誠的人來往，
只會讓自己變得更加孤單，
還外加痛苦。

計較型人類
請勿靠近

當信號亮起，就勇往直前

我們經常想要解讀所在意的對象究竟心裡在想什麼？

確認對方的狀態是否顯示為單身？

然而，光是對方「沒聯絡」這項行為，

就可以有以下這幾種，甚至更多種可能：

1. 他的手指頭斷掉了。

2. 他沒有把你放在眼裡。

3. 他有急事在忙。

4. 他在等待你先主動連絡。

我們不能單從一種情況來做判斷，

要依照不同人、不同事分別來看。

因此，不論是戀愛高手的建議，

還是塔羅牌阿姨的拍胸脯保證，

都無法準確解讀對方的真實想法。

如果還是想要確認對方究竟是否顯示為單身的話，
最適當的問題是「我怎麼看待那個人？」
而非「那個人怎麼看待我？」

如果問題的結論是導向「我喜歡那個人」的話，
這才是真正告訴你可以走向那個人的信號。

要是抱持著有對象就談談看的想法，
或是等確定好安全距離才願意讓愛情升溫，
那麼愛情對於膽小鬼來說，其實是一種奢侈。

人類終究還是得與人相伴

有段時期，

書店暢銷排行榜被各種以「孤獨力」為主題的書籍占據，

究竟為什麼讀者會喜歡閱讀這種主題的書籍呢？

作者徐殷國（서은국）曾在其著作《幸福的起源（행복의 기원）》裡提到，基因是人類的生存指南，

因為老祖宗的生存智慧都被儲存在人們的基因裡。

當做出不利於生存的行為時，

身體就會啟動壓力系統（壓力原理），

阻止去做那樣的行為；

要是做出對生存有利的行為，

則會分泌大量的多巴胺（幸福原理），

使之持續去做那樣的行為。

所以當人類吃不到食物的時候會倍感壓力，

吃到美食則感到幸福，

這些都是人類的基因策略，為了能生存下去。

那麼，對於老祖宗來說，

和他們生存有最直接關聯的問題是什麼？

答案是「食物」和「人際關係」。

回推到遠古時代，

群聚生活的人類一旦脫離族人就等於死亡，

所以當人際關係出現裂痕時，那股壓力感，

就本質而言是威脅人類生存的信號。

如今，現代人已經不愁溫飽，

所以人際關係自然成了最大的壓力來源，

而那些深受強烈威脅信號所折磨的人，

就會對強調一個人也很快樂的書籍感興趣。

其實那些書說的沒錯，

只要這世界還沒變成「過勞死」的沙場，

現在早已是不需要理會誰喜歡我、誰不喜歡我的時代，

畢竟一個人肚子餓時可以掏出信用卡，

危險時也可以找警察，發生意外還可以找保險公司理賠，

就算是一個人，也可以活得好好的。

一切只是基因反應過度而已，被人討厭也不至於會死，

但在這個令人開心的訊息背後，

有一個問題是──我們的基因並沒有隨著時代更新。

對於人類來說，人際關係是生存必備條件，

當人際關係產生裂痕時，最容易使我們感到壓力，

建立良好的人際關係時，則會使我們無比快樂。

雖然這可能和當今時代有些不符，

但是當我們與人相處時，絕對是最幸福的。

這不是文學而是演化心理學的領域，

也不是感性而是本能。

因此，千萬別因為「一個人也可以幸福」而繞遠路，

從人群中發掘與自己趣味相投的人吧！

就如同不必因為吃到過期品拉肚子，

就從此再也不吃食物一樣，

儘管因為一個瘋子搞得你身心俱疲，

也不至於需要斷絕所有人際關係。

重要的是要培養分辨食物好壞的敏銳嗅覺，

以及區分對方待你是否真誠的眼光。

尋找懂得理解、尊重你的朋友，

不論面臨哪種情況，對方都不會看好戲的那種，

找出那種值得信賴的朋友，並為他們成為值得信賴的對象。

這會是最好的穩定資產，

也會是幸福這個抽象單字的唯一實體。

對於約會遲到的他來説，

需要的是道歉而非辯解；

對於單戀中的她來説，

需要的是勇氣而非占卜塔羅牌；

對於孤單寂寞的他來説，

需要的是真誠的某個人，而非承受孤獨的力量。

致我的摯友們：
當人生跌跌撞撞，遭逢變故的時候，
當我面臨難以說明，或者不想多說的事情時，
謝謝你們總是淡定地陪著我，
而不是給我浮誇又不切實際的安慰。

Part 5

為了更美好的將來
需要這些生活清單

對政治冷漠的下場就是被糟糕的人統治。

———柏拉圖

有時也要談點不有趣的話題

某個電視節目曾出現關於「泥湯匙、金湯匙」的話題，

由於那是當時正夯的話題，所以不論走到哪裡都在談論，

節目的某個橋段提到：

「我們在挑選用餐的餐廳時，不會憑湯匙而決定，用什麼湯匙

並不重要，重點是用湯匙舀什麼東西來吃，所以不必糾結於

含著什麼湯匙出生，舀自己想吃的來吃最重要。」

當然，這是非常棒的比喻和安慰，

我也能感受得出來，說這席話的人是基於善意。

但是泥湯匙、金湯匙，終究和日常餐具不一樣，

這項問題的本質，是在講述資本主義世襲這件事。

過去的社會產業蓬勃發展、容易取得機會，

要移動社會階層，也相對自由容易，

但是現在想要移動社會階層，幾乎不可能。

在資本世襲的過程中，人們的社會階層愈來愈固定，

社會是根據你父母的財力與社經地位給予不同機會，

這也導致貧富不均與職業分貴賤的問題產生。

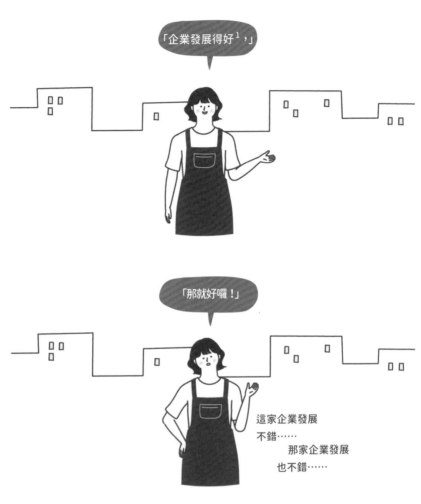

因此，泥湯匙、金湯匙是屬於社會階級的問題，

儘管討論「解決對策」會變得非常嚴肅，

仍須針對如何「緩和資本世襲與機會不平等的問題」做出回應，

這一切都不是為了鬥爭，是為讓這社會變得更好。

過去，我寫了幾本書，

為讀者們送上比較偏個人的安慰與鼓勵，

但有時我會思考，極度傾向個人的安慰，

會不會反而使我們游移在問題表層，無法去做深入討論？

就好比在不斷被石頭絆倒、尋求安慰的同溫層裡，

誰也不願意去清掉那顆石頭，只選擇在旁觀望打氣。

也許用機智的比喻輕鬆帶過、用冷漠的方式消化問題是最方便
的處理方式，

我也認為不要把問題搞得過於嚴肅，

但有時候，我們仍須面對較為困難、複雜、無趣的議題。

而我們也要隨時準備好聆聽這樣的話題。

---

[1] 左圖為一則南韓知名電視廣告的經典台詞，原本下一句是接「工作機會就變多！」作者改成「那就好囉！」藉以諷刺當今南韓社會現實。

不怪罪自己

在某個電視綜藝節目裡，
主持人訪問一名少年觀眾，
少年最後對身旁的母親喊話：
「媽！我以後一定買一台賓士車給妳。」
那母親因為這句話而面露喜悅。
這名少年有著一顆難能可貴的孝心，這點無庸置疑的，
但是可能是我這人太機歪，
在收看當下，總覺得這句話聽起來有些哀傷。
雖然這麼說實在抱歉，
但我有很強烈的預感，這名少年將來應該買不了賓士車給母親，
並非因為這名少年缺乏什麼，
而是除非真的遇上特殊情形，否則應該很難實現這個夢想。

俗話說，「當孩子剪掉臍帶的瞬間，就會牽上討債線。」
孩子打從娘胎一出生，父母就得花許多錢在養育上，
為了讓孩子成為人中之龍、人中之鳳，也會投入高昂的學費，
等孩子上了大學，還要負擔好幾千萬韓元的註冊費，

要是孩子住外面，更要負擔每個月不小開銷的房租與生活費。

當然，確切數字會因家境情況稍有不同，

但是在孩子初入社會之前，都是欠父母一筆鉅款，

所以才會像那名受訪的少年一樣，

脫口而出要買賓士車孝敬父母這種話。

因為他自己也心知肚明，既然已是父母肩上沉重的負擔，

將來至少也要買一台賓士車送他們才說得過去。

然而，問題在於還這筆債並沒有想像中容易，

首先是很難找到工作，

只有百分之五的人能進大公司，

就算找到一份穩定工作，也還是買不起賓士車。

多數情況是就算有工作，薪水也很吃緊。

要是想靠那份微薄的薪水籌備結婚、準備新房，

還得向銀行貸款或者再度向父母伸手尋求金援才行。

等完婚生子之後，又會像過去父母對自己付出的那樣，

投入高昂貴的學費與養育費用，

按照這個循環來看，

怎麼盼應該都盼不到買賓士車給父母的一天。

然而，在這樣的過程中，

你我都沒有做錯任何事，卻仍須因為過著平凡生活，

而承受極大的經濟、情緒愧歉。

真正的問題是出在貴得離譜的生活開銷，

以及嚴重缺乏能夠負擔這一切的好工作，

絕不是我們的問題。

當尚未畢業就已經負債累累，

以及不提供健全管道來償還這些債務的社會，

我們責怪自己為何不如人，被自責感與負債感所折磨。

如果你也是不得不受自責感與負債感折磨的人，

至少要知道自己是如何變成欠債者的，

儘管知道事實以後負債也不會減少，

但至少不能再怪罪自己。

我們並沒有白活。

兩人做三人份的工作。

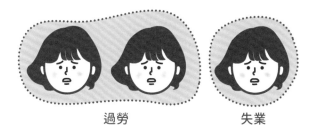

過勞　　　　　　失業

所有人都不開心！
（Everybody, Unhappy！）

為社會盡一份微薄之力

「最近覺得凡事都好無聊，以前還會對很多事情感興趣，我到底怎麼了？」面對朋友這樣的煩惱，我們能提出哪些適當建議？

1. 培養興趣
2. 參加社團
3. 去旅行
4. 接受心理諮商

以上這4種建議其實都不錯，

但是我仔細回想，

當時這名朋友天天加班，週末也要進公司，

加上公司經營出現困難，害他從正職轉成約聘人員，

等於未來突然充滿不確定性。

由此可見，這名朋友之所以會突然對萬事提不起勁，

其實是和長時間工作以及工作不穩定所引起的焦慮感有關。

身心俱疲、焦慮不安的他，

又怎麼可能在稍有空時去做有生產力或有趣的事情？

所以對他來說，任何安慰都是不妥當的。

在沒有改善工作環境以及獲得生活最基本穩定的情況下，

生存問題難以靠安慰或安撫掩飾。

既然我們要的不是安慰，那我們究竟要什麼？

在實施5天工作制以前，

大部分公司都是要求員工禮拜六也要上班的，

我們之所以能夠享有週休二日，

並非靠個人的努力或意志，

而是因為社會制度的改變。

個人努力與意志固然重要，

但有些問題是光憑這兩點也難以解決的。

然而，我們還是不斷反省自己的人生，

抱持著至少自己要出人頭地的心態，

把睡眠時間從7小時縮減成6小時，

把背景能力從3件增加成5件。

這樣的結果只會導致另一個奮發向上的人，

把睡眠時間從6小時縮減成5小時，

把背景能力從5件套組增加成7件套組。

如果個人的不幸不是因為本身做錯什麼事所導致，

那麼，就不可能單靠個人努力來解決這些的不幸。

為解決個人問題，首先要將其視為社會問題，

並且努力讓問題朝更好的方向改變才行。

我不認為大家一定要走上街頭，

架起拒馬、丟擲汽油瓶才能解決問題，

也不是要各位從此以後就不重視個人努力。

我想強調的是，有些問題仍然可以靠自己的努力改變，

無法解決社區商圈日漸萎縮的問題，

但可以不去大型賣場，到傳統市場或巷弄裡小店購物；

無法解決勞工問題，但可以為站出來罷工的人打氣加油。

無法導正偏頗的輿論，可以聽聽不同觀點的報導；

腐敗的政治不可能一夕之間改變，

還是可以用選票來決定讓誰執政；

難以扭轉這俗氣的世界，

可以用溫暖的眼光來看待平凡的彼此。

在不脫離日常的範圍下，我們能做的事情其實很多。

就像海水是因為3% 的鹽而不會腐壞一樣，

要是這世界哪裡出現問題，

或許是因為缺乏每人3% 的努力，

所以，做好各自的本分吧。

能夠救援這個社會的，是不再選擇漠視的個人。

我們都是在經歷過各種嘗試與錯誤中成長的，

所以不要太早絕望。

企業　政治人物

改革勞動法！改善制度！

明明有認眞工作，日子爲何
過得苦不堪言？

輕易　福利　泥湯匙
解雇　消失

新上下游經濟學：
有人在上游拉屎，導致飲用水遭汙染

必要時就咬牙撐下去

我有個很要好的朋友，是在第一份工作認識的。

她工作能力很好，做事認真，待人親切，

但她唯一不能忍受的事情是，

公司主管或老闆把她當成隨時可以替換的消耗品。

大部分人遇到這種情形，都會選擇為五斗米折腰，

但她是那種會選擇遞辭呈的人，

也因為她的工作能力出眾，

往往還是會被公司挽留。

有一次，聽說老闆給她績效獎金二十萬韓元時，

因為不滿意她當下表現出來的態度，

語帶嘲諷地對她說：「再這樣我就不給妳這筆錢囉！」

雖然這件事情聽起來是那名老闆沒品

但我還是勸那名好友，別跟錢過不去。

在我還是上班族的時候，也有遇過類似情形，

一位主管曾對我說：

「有超多設計師要來應徵妳這位子呢，加油啊！」

那句話的用意是想告訴我，

「妳的位子隨時都有可能被取代，所以最好皮繃緊一點！」

而且應徵人數也是吹噓的。

於是我仗著自己年輕、工作能力好到他們不能沒有我，

回嗆了那名主管：「那我離開好了，您再重新找人吧！」

可見當年我和那名朋友其實是相同個性的人。

儘管如此，我還是勸她以後最好不要這麼意氣用事，

因為我希望她可以在自己真正需要離職的時候再遞辭呈。

就算總有那種卑鄙無恥的主管，拿工作飯碗威脅員工，

不僅要求工作表現認真，還要卑躬屈膝，

但我們的人生也不必因為這種垃圾而修正方向。

要是因為吞不下這口氣而選擇離職，

那就等於是抬舉了對方在你人生中的影響力。

不妨仔細想想，對方真的有這麼偉大嗎？

當然，你也可不必原諒這種人，不再勉強陪笑臉，

但如果還是很需要這份工作，那就試著撐撐看吧！

切記，為錢工作並不卑微，這是再理所當然不過的事，

咬牙苦撐也不會顯得窩囊，你只是珍惜人生罷了。

丟掉焦躁不安的心

亞洲大學社會系教授盧明愚（노명우）曾說：

「我們總覺得社會正在快速變遷，

但其實社會是以極為緩慢的速度在改變。」

這就好比體重過重的人，

經過為期三個月的魔鬼訓練以後，好不容易回到標準體重，

但是如果沒有好好維持身材，就會重新打回原形是一樣的原理。

從減肥到個人的人生問題、社會問題，

沒有什麼事情是瞬間引發的革命，

也沒有什麼改變是永恆的。

為了防止身體復胖，唯一方法就是持續管理。

人生也是一樣，有時可能會因為退步、原地踏步而焦躁不安，

但是為了有所改變，需要持續投入時間和努力。

凡事皆是如此。

為了有所改變，最需要的資質是永不放棄的精神。

被燒燙傷時不留疤痕的方法。

1. 塗藥膏 　　2. 定時塗藥 　　3. 持續塗到好為止

別無他法。

治療傷疤最好的方法，
就是每天努力不懈地讓它有所改善。

學習有意義的爭論

我和姊姊處得還不錯，

雖然偶爾會因為一些小事起口角，

但是我們早已從過去共處二十多年的經驗裡，

找到坦白說出內心想法以及和解的方法。

不過我總是看不慣有些父母會因為不喜歡家人之間起衝突，

所以硬是要出面當和事佬，希望可以息事寧人，

只要表面上看似風平浪靜，就是他們那個世代所謂的和平。

韓國社會喜歡把意見衝突視為爭執，將兩者混為一談，

要求人人順應服從，避免讓這種情形發生。

有稜有角的石頭要被打磨圓滑，

只為能身處在不上不下的安全位置，而選擇乖巧、不脫序，

甚至有媳婦被要求結婚前3年要對娘家裝聾作啞、不聞不問。

---

2 又名「文化結合症候群」，屬於一種精神疾病，於1996年國際醫學界正式命名。過去是因婆媳問題、家庭問題所導致，現在則衍生到職場、社會生活等，因在生活中遭遇苦惱卻無處發洩憤怒而出現的精神疾病。

最終，「火病」²成了韓國社會特有的疾病，

每個人都壓抑著自己的情感，維持表面上的和平，

關係愈漸緊繃，身心也愈漸疲乏。

如果沒有罷工、爭議、討論，

所有人都追求單一價值，這樣才是所謂理想社會的話，

世界上應該沒有比北韓更符合這樣的條件。

佛洛伊德曾說，壓抑會引發精神疾病，

藉由壓抑維持表面和平的社會，終究不會健全。

真正的問題不在於起爭執或意見分歧，

而是連爭論的機會都沒有，

導致找不到解決對策或適當的折衷點。

不久前，韓國出了一場車禍，原因是遊覽車司機疲勞駕駛，

在那場車禍中有4個人不幸罹難，

民眾紛紛開始譴責那名司機，

有些人甚至認為司機根本是惡魔。

然而，司機真的是惡魔嗎？

遊覽車司機每月為賺兩百萬韓元的收入，

每天平均開車16小時，睡眠時間只有3到4個小時，

再加上因為不提供食宿，很多司機都是直接在巴士上補眠。

實際上，那名肇事的司機前一天也是在遊覽車上睡覺的。

在如此惡劣的條件下咬牙苦撐工作的司機，

因為疲勞駕駛闖下難以挽回的悲劇，

我們又怎能把罪全部怪在他一個人頭上？

在這不願意把錢投資在安全的社會裡，

我們擔心著自己某天也會成為不幸的受害者，

但別忘了，某天我們也很可能會成為加害者。

這個社會真正的問題在於，

把社會問題歸因於個人的責任感與道德感。

然後依舊不去討論社會系統，只停留在責怪個人，

甚至不去探討問題的本質，

一味地把討論分成進步派和保守派（或是立場黨派），

這麼做根本觸及不到問題的解決方案。

如果希望所生之處可以變得更好，

就必須擺脫掉那些幼稚的主張，

以及偏激的衝突態度，

進而學習如何有效地爭論出解決方案。

我們需要的是對策，不是批判，

我們需要的是說服，不是侮辱。

我們社會最大的問題並非整天爭吵不休，

而是沒能真正有效地吵過一回。

嚴格要求對方要遵守倫理禮節，
自己卻完全沒有相互尊重的人，
我們稱之為「倚老賣老」。

創造理性的希望根據

最近要説出「希望」兩個字都會覺得害臊，

因為希望的背後似乎總是伴隨著考驗。

但希望真的是一種考驗嗎？

接下來要舉的這個例子可能有點過時，

但或許可以回答上面的問題。

越戰時期，許多美軍被抓作俘虜，

多名軍人因為捱不過長期的囚禁生活而命喪黃泉，

根據當時被俘虜的美國將軍詹姆斯‧史托迪爾（James Stockdale）證詞表示，

最先死掉的軍人都是屬於樂觀論者，

原本相信聖誕節前會被放出去，

眼看聖誕節無望了，又等著復活節，

過完復活節，又相信感恩節一定可以重返家鄉，

盼到最後，沒想到再度迎來到聖誕節。

一再粉碎的希望使他們變得意志消沉，

進而放棄自我，失去性命。

難道是「希望」害這些人喪命的嗎？

我不這麼認為。

這些人心中懷有的不是希望，而是「毫無根據的樂觀」，
更接近現實逃避。
有段時期，韓國社會充斥著樂觀論者，
那些人預測景氣一定會重新復甦，
勵志書也不斷強調成功秘訣，
使人感覺勝算在握，成功彷彿觸手可及，
然而實況是如履薄冰。
小時候所學的「只要努力就一定會有收穫」，
被重新定義成「努力也不一定會有收穫」，
原本懷抱的滿心期待，最終以失落收場。

那不抱期待就不受傷害，這樣比較好嗎？
我認為這也不是什麼好對策，
因為在樂觀主義者之後喪命的軍人正是悲觀論者。
既然如此，究竟該抱持什麼樣的心態才好呢？
身為倖存者的史托迪爾，
當時選擇正視當下處境，並且尋找自己能做什麼事。

為避免被攝影機拍成「備受禮遇的俘虜」，

他用椅子砸自己，甚至故意自殘；

為降低部屬的孤立感，他建立一套溝通模式，

只有彼此知道如何使用，

意志力超群的他，就靠這樣撐過將近8年的俘虜生活

近年來，光是討論「希望」就已經是一件痛苦的事，

但是如果沒了希望，還能挺得住人生嗎？

我想，最終答案是要在現實基礎上懷抱希望。

這就好比每天吃4餐的人不能奢望自己會瘦下來一樣，

如果想要懷抱希望，就得尋找方法，

並對那些方法充分檢視，再努力咬牙撐過那些千辛萬苦。

切記，

你要做的事情不是懷抱茫然的希望，

或者陷入毫無對策的絕望，

而是創造理性的希望根據。

盡人事，聽天命。

敲門，就會給你們開門。

有志者事竟成。

天助自助者也。

不入虎穴，焉得虎子。

「希望」本來就是有附加條件的。

盡情地對世界釋出善意

我很喜歡幫助人，

曾經有一對老夫婦在尋找殯儀館怎麼去，

我告訴他們要在哪一站下車，以及如何轉搭公車，

並搜尋殯儀館的聯絡電話，寫在紙條上遞給他們。

還有一次是看見一位怪異的男子在尾隨一名女孩，

我直接帶那女孩和我一起繞道而行。

之所以會變得如此「雞婆」，

是深受過去當背包客時的經驗影響。

當時手機故障，語言不通，

獨自在全然陌生的環境裡，順利完成那趟旅行，

都是旅途中有人出手相救。

在成弱者的那一瞬間，我迫切需要那些小幫助，

每當發生這種情況，總是很幸運地有人願意向我伸出援手。

母親總是擔心我如此熱心，要是哪天吃虧了怎麼辦？

我告訴她，等她哪天在外有所需求時，

就會有我這種善心人士幫助她的。

若在需要幫助但求助無門時，
我們的心只會越來越封閉，不願再對其他人伸出援手。
我一點也不想活在「各人自掃門前雪」的冷漠社會。

人們生活在這世界上，需要的是警覺和慎重，
而非對彼此的不信任。
我仍舊相信，多數人是友善的。

這世界是值得付出善意的地方，
也想活在當我有難時，
一定會有人對我伸出援手的世界裡。

傳遞善意，
然後再繼續傳遞給其他人。

成為無法用錢衡量的人

希臘哲學家伊比鳩魯（Epicureanism）提出的的幸福三要素，

分別是朋友、思想、自由。

自由，是指按照自己的意志生活，

小時候對於「自由」視為理所當然，也不認為會有什麼困難，

但隨著年紀漸長愈能夠切身體會，

「自由的一部分要靠金錢才能實現」的事實。

為了繳稅給政府、包禮金給朋友、養活自己，

每天都要早起出門去賺錢，才能支付想要的自由。

換言之，為了不失去自由，需要先有一定的財富。

我們要對「可以在社會上立足的事情」全力以赴，

不斷證明自己的可能性，並且要求相對應的補償。

但然而錢就算重要，也不能變成一把尺去衡量人。

金錢無法測量一個人的高度，也無法斷定人生成敗。

我們要豎立自己的人生準則與人生哲學，

看見無法用金錢和名片換算的真正自我。

在問「如何賺錢」以前，

應該先問自己「什麼事情才是對的」。

當個不必靠擁有什麼來證明自己的人吧！

真正的性感是來自內在所散發出來的那股自信。

有些人仗著本身的優勢去欺壓弱勢，

但這些人真的幸福嗎？

據我所知，真正內心幸福的人，

是不會像那樣精神有問題的。

人類最容易沉迷的東西，
最普遍的就是金錢。

不加入飢餓遊戲

曾有位好萊塢男明星和保母的緋聞鬧上新聞，

網友們一面倒認為這件事情不可能是真的，

並不是基於對男明星的信任，

而是不相信一個大明星怎麼可能和區區一名保母外遇。

我們呼籲人人平等，對於壓榨、歧視感到憤慨萬分，

然而，實際上只是希望自己不要被人瞧不起，

並不表示自己就不會去瞧不起其他人。

我們到底把這社會劃分多少界線？

某次我在網路瀏覽社會新聞時，看到一則網友留言：

「解決青年失業率的方法，要先從廢除地方大學開始。」

我對如此肆無忌憚的言論感到驚訝，

更驚訝有許多人認同這個論點，

還成了最多人點讚的留言。

瞬間，我的腦中浮現了電影〈飢餓遊戲〉，

這是一部科幻電影，

在某假想國裡的十二個行政區各選出一對少年少女作，

接著在競賽中互相殘殺，直到出現最終一名優勝者為止，

並且透過電視轉播播出，藉此打擊行政區的反抗意識。

這是場為了「給予一名優勝者富貴榮華」，

將其他23人的死就變得合理化的遊戲。

遊戲一開始，能力強的團體就會互相聯合，

從比較弱的貢品開始剔除，然後獲得一段時期的保障。

但是由於這場遊戲最終只能有一人獲勝，

所以在剔除比自己弱的人時，也有可能被比更強者剔除。

可以看出這部電影是在隱喻勝者獨食以及新自由主義。

和電影中情境一樣被逼迫進行生存競爭的人，

會藉由排擠弱勢來獲得短暫的心安。

然而，只要這場「踩著別人屍體活下來的遊戲」不停止，

任誰都難保安全。

有些人認為，光靠政治改革，世界就會變得更美好，

當然，我也同意要由優秀的人執政，

社會也必須恢復公平、透明才行，

與此同時，我們也需要對這場遊戲進行省察，

並且具備誰都不排擠誰的默契才行。

我們的安全，不是在推彼此入懸崖時產生，

而是成為彼此的橋樑時形成，

所以從現在起，

停止那些隱約的歧視、排擠與競爭吧。

只要這場殘忍的遊戲不停止，

下一個被淘汰的人，就會是你。

你是對哪一種事情更
自覺羞愧的人呢？

對於瞧不起別人、　　VS　　對於這輩子還沒買過
羞辱別人感到羞愧　　　　　　名牌包感到羞愧

當個徬徨的大人吧

電影〈春風化雨〉中，有名男子名叫尼爾，

從小就被嚴格的父親要求將來一定要當醫生。

某天，他偶然接下莎士比亞喜劇〈仲夏夜之夢〉的主角演出，

正當他過著人生中最幸福的日子，

盡情發揮資質與能力之際，

他的父親命令立刻停止活動，甚至恐嚇要將他轉學。

熱愛表演的尼爾雖然想要試圖反抗，

但是當他看見絕望、哀痛的母親時，

他選擇沉默，放棄抵抗。

尼爾的神情明顯無力，充滿絕望，

那天晚上，尼爾用父親的槍自轟，親手結束自己的性命。

當人難以承受別人寄予厚望的人生，

又無法過自己真正想要的人生時，

就會陷入絕望。

精神科醫師金賢哲（김현철）曾指出，

匈牙利、日本、韓國的共同點，

正是「不允許徬徨的社會」。

然後這三個國家還有另一項共同點，

就是「高自殺率」。

在韓國，徬徨就如同是摧毀人生的捷徑，

甚至近似於「禁忌」。

我們必須在各種「適齡期」的期限內，

完成就讀大學、工作、結婚、生子、買房等一連串事情，

我們不被允許徬徨，一時片刻都不行，

要是沒做到，就難逃失望的父母以及是魯蛇的竊竊私語，

還有被社會孤立的恐懼。

這樣的現象導致韓國成為自殺率最高、出生率最低的國家，

這兩種指標的共同點是生存與繁殖，

也就是人類最基本的本能，等於都放棄掉了；

而這也意味著這裡真的不是我們認為可以生活的地方。

在按照個人評價標準來衡量對方是否有執行課業的社會裡，

只要稍有閃神、停滯，就會令人感到焦慮、窒息。

雖然有人會說，

以前的日子比現在還難過，

世界上比韓國窮困的國家多的是，

所以不應該自怨自艾，無病呻吟。

但其實問題不在於痛苦指數[3]，

而是社會矛盾導致人們苦不堪言，劍拔弩張，

真正使人恐懼的問題不是貧窮，

是無法受到社會尊重的悲慘感與孤立感。

因此，人們自嘲這裡是「地獄朝鮮」，

因為每個人都宛如置身人間煉獄。

我想問的是，難道我們真的無法幸福嗎？

許多人會把高幸福指數的北歐國家當成理想國，

但是根據作者萊奧‧博爾文斯（Leo Bormans）所言，

北歐國家的高幸福指數，

並非來自高所得或完善的社會福利，

而是來自充分的自由、互信，以及尊重多元才能與興趣。

回頭再看看我們，則正好站在他們的對面，

被剝奪的自由、強求要整齊劃一的人生、對他人不信任。

若能不論過著什麼樣的人生，

都可以確信自己會倍受尊重，

那會是多麼自由啊！

為了變得幸福，我們迫切需要的社會福利是，

可以盡情徬徨的自由，以及看待徬徨者的寬容目光。

這或許是最根本的解決對策也不一定。

對彼此的寬容與包容，

將帶領我們走出這場不幸。

你我都可以停止不幸了。

---

3 Misery index，一種總體經濟指標。其公式為：痛苦指數 = 通貨膨脹百分比 + 失業率百分比。

Part 6

爲了讓人生充滿意義
需要這些生活清單

幸福源自深切地去感觸，
簡單地去享受，自由地去思考，
敢於冒險，
以及被人需要的能力。

——斯托姆.詹姆斯昂(Storm Jameson)

不把幸福當作人生目標

追根究柢，我認為亞里斯多德可說是當今問題的始作俑者，

因為自從他把人生最終目標設定為「幸福」之後，

人們開始深信這個情感烏托邦，就是人生最終目的。

但其實人類並不是只為了幸福而誕生，

人類的原始情感有：喜樂、憤怒、哀傷、厭惡、恐懼、驚嚇，

假如只單為幸福而生存，

恐怕就只剩下一種正向情感。

總之，以「幸福當作人生目標的想法」就是個天大的誤會。

把幸福作為人生目的，

說得一副好像世上存有完美無瑕的幸福人生一樣，

這些論點將使那些不幸福的人覺得自己的人生是一場失敗，

久而久之，人們也就自然地選擇隱藏自己的不快樂，

甚至認為悲傷不論如何都得壓抑住、不能被別人看見。

然而，人生有難過、悲傷，不是天經地義的事嗎？

就算凡爾賽宮為了維持美好形象而不設立廁所，

現實生活依舊是在宮殿角落隨處解放，

或者踩著其他人的穢物行走。

所以有時感到難過、悲傷也無所謂，

如果沒有經歷過這些沮喪，又怎能體會什麼是幸福？

當然，我們要為了幸福而努力，

我也會由衷的祝福你幸福，

但不論問多少次，人生的目的究竟是什麼？

最終答案永遠都會是所走過的「人生」本身。

10次當中有6到7次覺得自己幸福的人，是幸福的，

但如果想要在10次當中感受10次幸福，那就是強迫症了。

#幸福認證　#我好幸福　#幸福證據

努力向人證明自己幸福，
是最不幸的生活方式。

輕鬆過日子

我人生中的第一次旅行，是當一個月的背包客。

當時我對於要獨自旅行倍感焦慮，於是帶了很多行李，

光是要看的書就帶3本，還帶兩種不同款式的電棒捲。

如今回想，當初在打包行李時一定是腦袋壞掉，

拖著兩大箱行李四處奔走的我，

在旅行還剩最後一個禮拜的時候徹底崩潰。

我開始對所有事情感到厭煩，

也討厭拖著沉重行囊旅行的自己。

在要前往下一個旅遊目的地坐在機場座椅時，

終於再也忍不住，直接打開行李箱，只留真正需要的物品，

把將近一半以上不需要的東西全都丟進垃圾桶。

雖然也有擔心過這麼做會不會讓之後變得不方便，

但不可否認的是，旅行的步伐變得輕盈許多。

在那趟旅行中認識了一個人，對方已經流浪一年半左右，

他全身上下的行李只有一個後背包。

他只帶最重要的物品，若途中碰上需要的東西，

就在當地直接購買。

要是身上穿的衣服舊了，就到當地市集買一件新衣來穿，

他甚至認為這就是旅行的樂趣。

如同我們總是對人生感到焦慮而攜帶太多行囊，

但其實根本不需要那麼多東西，需要時再補充即可，

只要包容那一點點的不便，就能利大於弊。

人生是一趟漫長旅程，要盡可能減輕負擔才能走得長遠，

如果想要讓人生變得輕盈一些，

不妨重新面對那些因為焦慮不安而不敢放下的東西，

然後勇敢將他們放下吧！

旅途中從未使用過的物品，

對於尚未發生的事杞人憂天，

使人生更沉重的非必要慾望，

明明沒做錯什麼卻要感到羞愧，
以及使人心力交瘁的人際關係

請對這一切下最後通牒，
放下，將重獲自由。

如果想要活得自由，
就要遠離那些不必要的事物。
——托爾斯泰

請把不需要的東西扔進各自的垃圾桶裡。

慢走，不送！

增加人生的變數

電影〈原罪犯〉裡的吳大秀，

被囚禁在監獄裡15年，三餐只吃煎餃，

佑鎮為什麼要這樣對他？

他大可叫大秀幫玩偶貼上眼睛，

或者偶爾換個水餃給他吃。

曾經，有人說過這種話，

倉鼠就算住在透明箱子裡很長一段時間，

只要每天的生活模式和看出去的風景是一樣的，

就不會感受到時間流逝。

以一種模式和一種風景壓縮而成的過去，

宛如稍縱即逝的一瞬，

佑鎮之所以要把吳大秀囚禁在相同風景、相同生活模式裡，

或許也是想要從他身上奪走那十五年的歲月。

詩人皮千得（피천득）在〈長壽（장수）〉這篇文章中寫道：

「像機器一樣度日的人，就算活到80多歲，也是短命。」

周而復始地以類似模式生活，

就等於是壓縮人生的無限可能與多元，

也等於失去自己的人生。

所以週末不妨去看看海，

下班也試著走走看其他道路，

有機會就多認識一些新朋友，

嘗試去做一些至今從未做過的事情。

擺脫對自己的既定印象，

當一個就連自己也難以預測的人。

能使我們活比較久的方法，

不是一味地把手掌上的生命線延長到手腕，

而是不斷面對全新的人生風貌。

有時我會覺得自己好像落後了，
因為其他人一直都在全速前進。

不讓自己的情感麻痺

有一次，我到澳洲見朋友，和她一起去一間動物園，

正當我讚嘆著偌大的腹地面積和人工設施極少化的動物園時，

身旁經過一群彷彿從精品服裝品牌海報裡走出來的帥哥猛男，

當時我感到十分有趣，因為對於我們來說，

動物園大多被視為親子活動空間，

多半是家長帶著孩子來看動物，

沒想到一群年輕小鮮肉也會來觀賞野生動物。

後來我在動物園裡和一名澳洲當地人閒聊，

對方表示平時的興趣就是「賞鳥」(Bird watching)，

也就是靜靜坐在那裡看鳥兒活動。

朋友認識的另一名年約二十歲的澳洲人，

則向我們展現出他有多麼期待聖誕節能和家人一起度過，

還與我們分享奶奶家的晚餐會擺滿多少食物，

以及多少家族成員齊聚一堂，度過多麼歡樂的時光。

雖然不能以偏概全，但那次的經驗帶給我的感受是，

澳洲人的人生樂趣，似乎與大自然和家人息息相關，

和我們面對逢年過節時的感受大不相同，

以家人名義緊緊束縛彼此的我們，佳節團聚變成一種義務感，

聖誕節一定要出去吃大餐，要是在家度過反而顯得淒涼。

誠如丹尼爾‧圖多爾（Daniel Tudor）描寫韓國社會的著作──

《實現奇蹟卻也失去快樂的國家（기적을 이룬 나라 기쁨을 잃은 나라）》書名，

我們的確實現了奇蹟，卻也失去平淡快樂的感受。

所以才不會把去動物園、賞鳥、與家人共進晚餐視為樂趣。

我們的情感，

逐漸被需要壓抑情感的「勞動」，

以及使我們失去人性的「競爭」所消磨，

快樂變成是一種補償或強烈刺激，

用來犒賞自己撐過枯燥乏味的日常。

這就和情感匱乏的精神疾病患者會尋求極致快樂是一樣的現象，

內心情感乾涸的人，會因為感受不到日常中的小確幸，

進而尋求更刺激的快樂。

但是當那些充滿刺激的快樂結束回歸日常時，

你會感到更加空虛，人生也會失去活力。

如果你想要真切地體會人生，

就得對人生庭院裡的瑣碎幸福保持敏銳度，

並從生動的人生中尋找快樂。

你需要重新定義快樂，

可以的話最好從小就培養不花錢也能讓自己開心的方法，

以及不花錢也可以玩得很快樂的遊戲。

這其實一點也不顯得窮酸，

反而是隨時都可以很容易感受到幸福的人。

不為交報告，也不為比賽得獎，

為了自己的人生，是時候該發揮創意與想像了。

各自尋找屬於自己的幸福

我有個相差好幾歲的弟弟，家裡的老么永遠是父母的牽掛，

我媽曾說，一定要看到他工作穩定、生活美滿，

她才會感到幸福，

雖說天下父母心，我卻不免感到有些不捨。

我希望媽媽可以幸福，

但是為讓她幸福，弟弟就得先幸福才行。

換言之，媽媽說的那番話，意味著自己沒有幸福掌控權，

她把自己的幸福決定權放於門外，等待著某天有人來敲門。

這樣的結果導致父母總是擔心孩子幸不幸福，

孩子則對於父母的不幸深感自責，

最終，彼此都在操心對方幸福與否，然後雙方誰都不幸。

究竟是哪個環節開始出錯了呢？

我們往往會對愛人說：「我會讓你幸福的。」

但是只要你不是對方的情感監護人，

我們沒辦法為誰持續提供幸福，

也沒有人能為我們永不間斷地提供幸福。

別人的幸福其實是我們影響範圍外的事情，

幸福是屬於各自要負責的任務，

所以請不要對自己的幸福置之不理。

最終，我們能做的最佳選擇，

是對各自的幸福負責，

由衷期盼各位都能找到幸福。

我認真過生活，
盡量不妨礙他人的幸福，
面對痛苦的事情都咬牙撐過來，
我活得坦蕩自在，

所以我有資格幸福，
你我都有資格幸福。

想想自己究竟獲得什麼

我認識一個人，大學時期就開始積極準備各種金融證照，

只為一畢業就能順利進入金融業工作。

後來他如願以償地進證券公司，領著人人稱羨的薪水，

然而一年過後，他突然決定離職，

理由是覺得那份工作實在太無趣。

這讓我感到好奇，難道他本來就是個重視工作要有趣的人？

還是在踏入金融業以前，以為這個行業的工作會有趣？

對他來說，有趣的定義究竟是什麼？

打從一開始，他的問題就在於沒有好好選擇追求的目標，

畢竟世界上沒有一份工作，

是既需要你、內容有趣、主管人不錯，

薪水、獎金都合理，還有未來展望的。

大部分都是要你在有限的預算與有限的選擇內做決定，

人生不可能像有錢人逛大賣場一樣，想買什麼就買什麼，

所以當做選擇時，比起「我能得到什麼」，

更重要的是要問自己，「我願意放棄什麼」。

在忍受減薪與神經質主管之間，

在離開職場與不能陪伴孩子成長之間，

在放棄想要嘗試的工作與沒有固定薪水的生活之間，

哪一個是你更無法接受的？

你的容忍範圍到哪裡，是需要自行思考的問題。

如果老是想著自己損失什麼，就會永遠活在後悔裡，

世界上也沒人能忍受什麼事情都承擔不了的無理取鬧。

因為是自己選擇的，
所以就算感到不安，也無怨無悔。

和已逝的過去道別

猶記國小二年級時，班導師對班上幾個同學特別關照，
上課時總是只挑他們回答問題，也只會給予他們稱讚。

當時，我意識到原來自己只是主角身旁的配角，
可見當時老師的偏愛有多明顯，
就連年紀那麼小的我都能有這種感受。

不過後來我有聽說，原來那位老師是出了名的勢利眼，
有一次，母親被那名老師請去學校，
母親雙手空空的去找她，結果碰了個軟釘子回來，
看來她之所以會偏愛特定幾名學生，應該是另有其因。
但那時的我還不曉得，其實大人也可能會犯錯，
我只是單純有著「原來我不是班上主角」的念頭，
這個念頭也在我心中停留滿長一段時間。

這世界到處可見瘋子和勢利鬼，

那些人可能對我們的童年留下了難以抹滅的陰影，

甚至成為到現在都沒能解決的問題。

所以很多人會把現在的問題歸咎於過去，例如：

我現在之所以會對自己沒自信，是因為那位老師的歧視，

我現在的自尊感之所以低落，是因為父母對我的養育方式，

我現在之所以會飽受自卑感所苦，是因為過去被同學們排擠。

到這裡都是事實沒有錯，

但是透過過去來診斷現在的問題，

不是為了停留在那些過去並對其提出求償，

也不是為了沉溺在自憐自艾的情緒裡，

被人當成是不幸的公主般看待，

而是為了斬斷那些因果，向前邁進。

世界上的確有那些不夠成熟的人，

而我們也很可能運氣不好地碰上那種人，

但是回首過去真正要看到的事實是，

那名老師只是個不夠成熟的大人，

我的父母也不是天生就為人父、為人母，

他們都只是還不夠成熟的大人，

那些欺負我的同學也只不過是還不懂事的屁孩罷了。

然後當時的我，也只是個涉世未深的孩子。

如今，我們都已經不再是那個年幼無助的小朋友，

有充分的資格可以向前邁進。

如果不想再被過去束縛，

就得為過去軟弱的自己送上一份安慰，

並向那些過去不成熟的人徹底道別才行。

放心，沒事了。

為自己預留犯錯空間

在設計印刷作品時，

圖稿背景往往會比實際尺寸大一些，

因為裁切過程很可能會出差錯，所以刻意留白。

這不僅是寬待自己可以有犯錯的空間，

也是經長年累積的智慧，藉此獲得相對有保障的結果。

人生也是同樣的道理，

沒有人的人生可以完全按計畫走。

有時可能會白費力氣在不必要的事情上，

有時也可能會為了挽回瞬間犯下的失誤，

花上好長一段時間修補，

不論多麼小心翼翼，也很可能出現意外的開銷，

不可能總是零誤差，也不可能永遠有效率。

所以與其後悔自責，

不如為自己預留犯錯空間，

預備籌碼來彌補那些糊塗事更實際。

不妨告訴自己，人生本來就很可能會不小心犯傻，

有時候繞遠路也是人之常情，

人生不可能分秒都被有效運用，

畢竟這也是你第一次度過的人生，難免會遇到一些難題。

為失誤預留的寬容，

會使我們變得更為安全，也更加自由。

浪費掉的時間，
就靠年年益壽來彌補吧！

最瞭解你的人終究還是自己

之前認識一名專門為成人提供生涯規劃諮商的人，

聽說在去找他的人當中，有些是屬於天才型的，

有別於一般大眾對這些人的既定印象，

他們的人生其實不怎麼順遂。

很多都是學生時期成績不怎麼樣，

因為思考邏輯太活，難以適應填鴨式教育的關係，

（就和愛迪生無法理解為什麼一加一等於二，是一樣的情形）

這些人要是沒有待在能夠發揮天賦的領域，

而是在一般職場上班的話，會難以承受那樣的生活，

甚至得服用憂鬱症或強迫症的藥物，才能在公司裡安然度日。

可以想見，不少人一定是對痛苦不安的他們不以為然：

「其他人也都不是做自己真正想做的工作啊！」

「不是只有你辛苦，大家都很辛苦！」

然後他們很可能會因為這些話而深感自責。

然而，每個人的辛苦與他人的辛苦是不能相比的，

就如同有些人會覺得處理人際關係是一件很痛苦的事，

有些人則對於賽跑感到痛苦萬分，

就算面對同樣的問題，每個人的感受也不盡相同。

如果你對某件事情感到特別痛苦，

絕對不是因為你有問題，

或者在無病呻吟，抑或是不夠成熟，

而是這件事情對你來說就是如此。

就像市售鞋款只有你穿起來特別咬腳，

那也絕對不是你的腳有問題。

所以不要再責怪自己了，

真正使人生走向悲劇的，

是連自己都不能理解自己為什麼痛苦。

所謂理解自己，

不是指沉浸在自憐自艾的情緒當中同情自己，

或者把錯全都推給別人，

而是指停止自我虐待與自我批判（以及不必要的自責感）

好好接納原本的自己。

為此，我們需要的是對自己的理解力，
還有選擇並尊重適合自己的生活方式。

有時，我們會因為不被人理解而感到傷心難過，
但是至少，自己一定要是最理解自己的那個人。

關心自己的幸福

有段時期，我做過一本「不幸手冊」，

每次只要鬱鬱寡歡或者感到絕望的時候，

就會把當下的情感記錄下來，

等心情好轉時再重新拿出來翻閱，

這樣我就可以知道自己之前有多少想法是不合理的，

並看看自己能把情況預想到多麼極端。

然而，寫過幾次之後，

我開始覺得自己彷彿成了很不幸的人，

所以就把那本手冊改成「幸福手冊」，

然後每當心情不再憂鬱、感受到幸福的時後，

就會把當下的心情記錄在那本手冊上。

記錄一段時間過後，

我可以瞭解自己何時會感到幸福，

憂鬱時也會知道那股低氣壓很快就會過去。

人們往往都說想要幸福，

但多數人是連什麼事情會使自己感到幸福都不曉得，

也不試著一探究竟，

幸福絕對不是忽然從天而降的東西。

在世上那些「知道總比不知道好的」事情當中，

有些是比心肺復甦術、如何讓耳機線不糾纏來得更重要的，

那就是：

我會因為什麼事情而感到幸福？

我會透過什麼事情恢復心情？

我會在什麼情況下感受到自己真實地活著？

這些管理幸福的技巧。

如果想要幸福，就得先關心自己的幸福。

愛惜那些不完美

李世乭[1]（이세돌）vs. AlphaGo

傳統手錶 vs. 電子手錶

手寫信 vs. Email

黑膠唱片 vs. MP3

我們對完美的事物懷有憧憬，

對於不完美的事物充滿喜愛。

---

[1] 韓國圍棋九段棋士，出道初期在韓國戰績顯赫，也被稱為「不敗少年」。

VS

 VS

 VS

 VS

問自己要過哪種日子

有段時期，我經常煩惱一個問題，

「人生究竟是來享受，還是來追求意義？」

這令我實在難以抉擇。

首先，我對於「人生的意義」這句話，百思不得其解。

感覺就是個摸不著邊際的句子，無法切身體會，

討厭複雜思考的我，最後決定把人生拿來享受，

把握每一個當下，全力以赴，感受生命，快樂生活，

實際上，這樣的人生其實是不錯的。

我努力讓自己的人生只留下最重要事項，

從大項目來看，分別有：

工作、人際關係、快樂、身心健康。

我希望自己可以不杞人憂天，

面對想做（Want）的事情，只要覺得自己能做到（Can），

就會去做（Do）。

凡是套著 Want + Can = Do 這樣單純的公式，

每一次都全力以赴。

我逐漸完成當初構思的底圖，並對此感到開心有成就感，

然後也遇見值得信賴、頻率相通的人，

那些生命中不重要、壓抑人際關係，則選擇與他們保持距離，

甚至對自己耳提面命，絕對不能讓那些人對自己無禮。

我為人生的快樂投資時間，

每天都會抬頭仰望天空，對大自然的壯麗發出讚嘆，

重新面對逃避的問題，積極解決，努力讓自己活得更健康。

當我從周遭人的眼光、通念、社會既定的正解退後一步時，

人生突然變得豁然開朗、如釋重負。

然而奇怪的是，我的內心依舊有個疑問，

「我現在究竟過得好嗎？」

儘管每一瞬間都過得認真充實，卻仍覺得少了些什麼。

所以我再度回到原點，決定重新尋找人生的意義。

到底是什麼東西使人生變得有意義？

在經過無數次的自我提問後，我找到的答案是：

「從個人領域到公共領域，甚至在這社會，實現自己的價值。」

我在先前的文章中寫過，

為了這個社會，需要個人的參與，

因為解決社會問題，就是解決個人問題的最直接方法。

但之所以需要在社會裡盡本份，並不只因為這個理由。

阿里斯托芬（Aristophanes）曾說，

「我們需要靠他人才能完成自己」，

當身處在社會和他人的關係中感受到自我價值時，

就會找到自己的人生意義。

當然，這句話的意思絕對不是要你不顧自己的人生，

只為別人犧牲，

而是為了實現心目中的公共價值，

做自己能做的事，並在社會上感受到存在感的意思。

以我來說，我希望世界可以變得更為美好，

讓那些心存善念的人可以維持基本生計，

就算生活困苦，至少不覺得自己悲慘。

所以我加入支持的政黨，捐款給他們，

也支持兩家小眾媒體，

我努力讓自己遇見的每個人都不再受辱，

透過寫書，創造小規模卻有意義的社會波動。

面對「究竟該怎麼活」這個永無止盡的問題，

我的答案是：過美好人生。

其實不用想得太複雜，

只要認真工作、和心愛的人往來，

一起吃美食，聽好聽的音樂，閱讀好看的書，

天氣晴朗時曬曬太陽，

這些日常生活中的溫暖，我認為就是所謂的美好人生。

然後可以的話，最好朝有意義的人生邁進，

雖然我們在這宇宙都是小如塵灰般的存在，

但是仍可以戰勝人生的虛無，堅守自己的尊嚴。

和世俗定義的成敗無關，我想要為這樣的人生感到自豪。

有本書叫做《無論你選擇什麼樣的人生，我都為你加油[2]》，

但真正需要這份打氣加油的人，是自己。

今天，請務必對陪伴終身的自己說：
「無論我選擇什麼樣的人生，
我都會為我自己加油。」

---

[2] 原文書名為《네가 어떤 삶을 살든 나는 너를 응원할 것이다》，2013年麥田出版

成為大人

童年時期，媽媽在我心目中永遠是個女強人，
但是如今回想，當年她也只是個三十多歲的女人，
很多事情應該也會感到害怕、辛苦、有壓力，
只是為了孩子咬牙扮演好大人角色罷了。

現在，我也已經成了那個年紀的大人，
小時候只要乖乖吃飯、睡覺，
就是盡完自己的本分，
但是到了這年紀，
誰也不會因為這種事情給予稱讚。

要是埋怨父母為什麼不給零用錢，

還會被說是養老鼠咬布袋，

雖然我還想活在父母的保護下，

對於要以大人的身分生活感到不甚喜歡，

但事到如今，也不可能穿著綠色緊身褲，

假裝自己是永遠不會長大的彼得潘吧！

所以有時候即便面對不想做的事情也得做，

不論是無聊厭煩還是焦慮不安，都要撐過去，

這樣才能養得活自己。

就算還不想當大人，

只要像父母當年那樣扮演好大人該有的樣子，

就自然會變成大人了。

尾聲

成為大人以後，我才發現原來世界是個冷漠無情的地方，

不合理的事情比比皆是。

人與人之間劃著數不清的界線，

許多人一逮到機會，就會去歧視與蔑視他人，

或是為賺錢選擇冷漠，

然後在鬆散的社會安全網裡，感受著焦慮與不安。

身處在這樣的世界裡，

不僅不想被人瞧不起，

更不想變成冷血無情的人。

於是我開始思考，究竟要如何過自己的人生？

我問自己許多問題，包括：

要對什麼事情感到羞愧？

內心深處究竟是對什麼事情感到自卑？

歧視與侮辱他人到底可以獲得什麼？

以及為什麼會有這麼多人在不幸中垂死掙扎？

循著自己的回答，得出了這樣的結論：

一個人感受到的不幸與不安，

其實是來自社會與他人之間的關係，

而非個人內心所起的化學作用。

我們不僅要擔心溫飽的問題，

生活中對他人的不信任、侮辱、歧視，還有競爭，

早已瀰漫在空氣當中，每吸一口氣都會滲入我們的體內。

最終，在不必感到羞愧時卻抬不起頭，

面對他人的羞辱還要感到無地自容，

為了不被人瞧不起，也要隨時打開雷達，提防戒備。

在這樣的緊張感中不斷責怪自己，

並在尚未解決問題前，就先把自己折磨到筋疲力竭。

我希望可以藉由這本書告訴大家，真的不必如此。

希望能給身處在這沒有信賴基礎的社會裡的某人，

一份鼓勵與安慰，

告訴他們其實可以抬頭挺胸、昂首闊步。

同時也傳遞著一種訊號——

世上還是有像我這種渴望人生、充滿人性與溫暖的人。

為了在這冷漠的世界裡不失人性，

我們要更關心自己，

面對他人不當的攻擊與羞辱，

也要更無所畏懼、勇敢抵抗，

然後為自己、為他人、為更美好的社會，

盡一份微薄的力量。

這麼做只是為了讓一個普通人，

可以不再去嫉妒不屬於自己的東西，

堅強面對世俗的冷嘲熱諷，用原本的面貌做自己。

衷心期盼各位可以變得更自由一些，

但願我們都能無所畏懼，勇往直前。

致謝

一開始，我原本是想以散文的形式輕鬆帶出社會心理學，

但因為實在太不容易，

不免心想：「難道我是為了這樣所以寫書……？」

坐在書桌前8小時，有7小時都在苦思如何動筆，

有時甚至煩悶到跑去後山上吼叫發洩。

最終還是突破重圍完成了這本書，

我要把這份榮耀（？）獻給自己。

從寫稿到出書的過程，

接受過許多人幫忙，

我讀很多書，其中獲益良多的有，

心理學家金泰亨（김태형）的《韓國社會

心理創傷（트라우마 한국사회）》、《不

安感加劇的社會（불안증폭사회）》，

金燦浩教授的《受辱感》，艾倫・狄波

頓的《我愛身分地位[3]》，

康俊晚教授的《窮山溝裡不能出狀元 (개천에서 용나면 안 된다)》，

理查德・尼斯貝特 (Richard E. Nisbett) 的《思維版圖[4]》，

納撒尼爾・布蘭登的《自尊的六大支柱 (The Six Pillars of Self-Esteem)》，以及徐殷國教授的《幸福的起源》。

以上這幾本書，都是奠定這本書的基礎。

雖然無法完全呈現各大作者思慮深遠的內容，

但都是值得閱讀的好書，所以想要藉此機會推薦給各位。

另外，還要感謝給我支持與尊重的家人、心愛的朋友，

尤其閱讀完尚未修潤過的初稿，

給予真心建言的柳林、賢芝、寶藍、維民、恩慧，

還有我的姊姊，要再次對你們說聲謝謝。

這本書是受出版社鼎力相助才有辦法完成，

非常感謝心靈之林出版社，以及權大雄社長，

這是我們合作的第四本書，

還要感謝為人爽朗的熙英組長，笑容可掬的寶藍，待人溫暖的

光杓課長，以及總是忙碌奔波的盧部長。

除此之外，在我寫書過程中，

那些透過社群軟體傳來的加油打氣，著實成了莫大安慰。

在為期1年6個月的漫長時間裡，

幸好有許多人的幫助與鼓勵，這本書才得以完成。

最後，我想要對閱讀到此的各位說聲謝謝。

這是為您所寫的書，

我們，一定可以活得很好。

3（Status Anxiety），2004年先覺出版
4（The Geography of Thought），2017年中信出版

國家圖書館出版品預行編目 (CIP) 資料

我要做自己：挑戰舊思維，不被死腦筋綁架的生活清單 / 金秀顯作 . 尹
嘉玄翻譯 . -- 初版 . -- 新北市：文經社，2019.05
　面；　公分
ISBN 978-957-663-775-9(平裝)
1. 成功法 2. 生活指導
177.2　　　　　　　　　　　　　　　　　　　　　108001871

Ⓒ 文經社

文經文庫 A323

我要做自己：
挑戰舊思維，不被死腦筋綁架的生活清單

作　　　者　　金秀顯

翻　　　譯　　尹嘉玄

責 任 編 輯　　Alisa bow

內 頁 設 計　　Amber Li

封 面 設 計　　比比司設計工作室

主　　　編　　謝昭儀

出 版 社　　文經出版社有限公司

地　　　址　　24158 新北市三重區光復路一段 61 巷 27 號 11 樓 A（鴻運大樓）

電　　　話　　(02) 2278-3158、(02) 2278-3338

傳　　　真　　(02) 2278-3168

E － m a i l　　cosmax27@ms76.hinet.net

法 律 顧 問　　鄭玉燦律師

發 行 日　　2019 年 05 初版一刷

定　　　價　　新台幣 360 元